彼と“思いどおりの関係”になれる本

つい、恋が“空回り”してしまうあなたへ

ANNA

大和出版

はじめに　ワル賢い女性から「恋の秘密」、盗んできました

好きな人と仲よくなりたいのに、なれない……。
仲がいいのに、彼女にはしてもらえない……。
つきあっていても、こちらを見てくれていない……。
恋愛って、なんでこんなに、思いどおりにならないのでしょう。
いったい、どうしたら、もっと仲よくなれるのでしょう。
いったい、いつになれば、彼と笑顔で笑い合える日々は、やってくるのでしょう。

あなたはすごく真面目で、一生懸命生きている、いい子です。
私には、よくわかっていますよ。
そういう人にこそ、思いどおりの恋愛をして、笑顔ですごしてほしいのに、
いい子じゃないほうが、のびのびと思いどおりの恋愛を楽しんでいるのです。

私はそれを、すごく悔しく思っています。

だから私が、ワル賢い女性たちから、秘密を全部盗んできましたよ。
山分けしましょうね。

ものすごくワル賢い女性が言っていました。
「男をあやつるコツは、手綱を渡さないこと」

これが、秘密のすべてです。

私はこの秘密を知る前は、あなたと同じで、すごくまっすぐで、バカ正直。
好きな人にブルンブルンふりまわされていました。
気持ちにしたがって、愛すれば愛するほど、
どんどん粗末に扱われて、
浮気までされましたよ。

だけど、この秘密を知ってからは、
恋愛で、全然困らなくなりました。
好きな人が、「好きだ!」と追いかけてくれるようになりました。
好きな人が、私にブルンブルンふりまわされるようになりました。
好きな人から、とても大切にされるようになりました。
好きな人と、いつも一緒に笑顔でいられるようになりました。

手綱を握っているから、思いどおりの関係になれるのです。

手綱を渡してしまうから、一喜一憂してしまうのです。


と言われても、全然わかりませんよね。

「じゃあ、私は、彼に、なんていう言葉を言えばいいの?」

「じゃあ、私は、彼に、どんな行動をすればいいの?」

そう思いますよね。

はい、これからその答えとなる、
１００個以上の具体的なセリフと、行動をご紹介します。

もしかしたら、あなたは「そこまではいらない」と思うかもしれませんが、
好きな人が、なんと「崇拝」してくれる方法まで、ご紹介しますね。

あなたが、彼と思いどおりの関係になる方法を身につけたら、
ぜひ、あなたと同じように、不器用で恋が苦手な女の子にも、教えてあげてください！

もう、秘密はワル賢い女性だけのものではありません。
不器用ないい子たちも、みーんなで、思いどおりの恋愛をしていきましょう。

ＡＮＮＡ

目次　彼と〝思いどおりの関係〟になれる本

理論編　「恋の手綱」を握るための3本柱
ひとりでにうまくいく〝悪のしかけ〟

「恋の手綱」を握るための3本柱　①「悪の力」を使う

「恋の手綱」を握るための3本柱　②「楽しませる側」に立つ

初級編　彼の「天使」になる

「こんな子がいたなんて！」と感動させる〝受容〟のからくり

中級編 彼の「面白かわいい子」になる

「退屈させない」「スルーされない」〝プチ予想外〟の威力

上級編　彼を「ふりまわす女」になる

望みどおりの毎日がやってくる〝教育〟のしかた

達人編 彼から「崇拝される女」になる

必ず大事にされる〝ブランド化〟と〝教祖化〟

プロローグ
男をあやつる魔法の「タネ明かし」、します

1 「手練手管」を使いこなす女の子たちとの出会い

私が16歳のときのことです。

耳に飛び込んできた、1つ年上の子の言葉に、私はものすごい衝撃を受けました。

「やっぱり、男から告白させるよね」

そして別の子も「させるさせる」と、あたりまえのように答えていたのです。

彼女たちは、いつも彼氏に「告白させて」つきあう、というのです。

(男に告白させる？　「させる」って……？)

「告白させるよね」というセリフは、私にとっては「雨って、降らせるよね」と言われたのと同じくらい、「魔法」にしか思えなかったのでした。

私にとって、誰かを好きになるということは「いいなー」と思うこと。そして、なるべくその人がいる場所に行って、その人を見たり、できるなら話したりすることでした。

そして、そのときの私は、告白したことも、されたこともありませんでした。みんな自然に生きているうちに、たまたま告白されたりもするのかな、くらいに思っていました。

だから、相手からの告白を、まさかコントロールできるなんて、夢にも思っていなかったのです。

……当時の私は、高校で友達がつくれず、学校が怖くなって3か月で行かなくなってしまい、高卒認定試験（旧大検）をとるための学校に通っていました。

そこの生徒はほとんどが年上で、17歳、18歳の子が多く、もっと上の人もいました。

私が仲よくなった子たちは、おしゃれで、バイトをしていて、彼氏がいるのがふつう。

彼女たちは洋服をくれたり、コーディネートのしかたを教えてくれたので、私は垢抜けて、人から「おしゃれだね」と言われるようになりました。

「告白させるよね」は、その学校で聞いた、彼女たちの会話だったのです。

「自分の思いどおりに男を動かすスキル」。これを手練手管といいます。

彼女たちは10代のときから、あたりまえのようにこれを使っていたのです。

その後、私はキャバクラやクラブで働いたり、新たな出会いによって、手練手管を使って、男たちを好きなように動かす女性たちに、たくさん出会うことになるのでした。

☑ **男性は思いどおりにコントロールできる！**

2 男は「シンプルなロジック」と「作業」であやつれる

私は18歳まで、男性がのぼせ上がるのは「その女性が美人だから」だと、信じ込んでいました。しかし初めてキャバクラで働いてみると、お店のナンバーワンは、かならずしも美人とはいえなかったのです。「顔ではない……！」。これは私にとって衝撃の事実でした。

そして、女性が男性をあやつる場面を見ているうちに、「男をあやつるには、なにかロジックがある」と感じ、それを解明したいと思うようになったのです。

それから、自分自身の体験と観察、インタビューだけでなく、ネットや本などで事例を集め、そこから普遍的なロジックを見つけていきました。さらにそのロジックに新しい事例をあてはめて、もっと普遍的なものに磨き上げていく、ということをくりかえしました。

その結果、やはり男をあやつる手練手管とは、シンプルなロジックだとわかったのです。**男をあやつれる人とは、才能がある特別な人なのではなく、このシンプルなロジックを知っている人のこと**なのでした。

このロジックはだれでも理解して、使うことができます。たとえば数学の公式のようなもの。公式を知っていれば、そこに数字をあてはめて、答えを出すことができますね。

恋愛も数学と同じです。ロジックを知っていれば、「この場面で彼が一番嬉しいのは、こういうセリフだ」とか「彼にこれをしてもらうには、こうしたらいい」というように、答えが導き出せるのです。そうしたら、答えとして出た言動を「作業」として行えば、あなたが望んでいた結果が出るというわけです。

私はこのロジックを知るまで、正論をふりかざし、ものごとを正しいかまちがっているかでしかとらえず、自分の思ったことや、希望・要望を、そのまま話す人間でした。当然、それを聞いた相手がどう思うか、という視点が全然ありませんでした。

しかしロジックを知っていくにつれ、自分の思ったとおりに人を動かすには、それではダメだと学んだのです。

人間は一人ひとりちがうので、ロジックに完全にあてはめることはできません。

しかし、それでも**ロジックを知って、正しい「作業」を行うことで、あなたの思いどおりになる確率は劇的にアップ**するはずです。

☑ **恋愛にも公式がある**

3 さあ、新しい「恋愛人生」をはじめましょう

本書では、まず男性と思いどおりの関係になるための理論を解説し、それから、あなたが身につけるべき要素を、土台から順に説明していきます。

土台から上に行くにしたがって難易度は上がり、必要度は低くなります。

理論編 「恋の手綱」を握るための3本柱 〜ひとりでにうまくいく〝悪のしかけ〟

彼と「思いどおりの関係」になるための軸は、「恋の手綱」つまり「主導権」を握ること。

この章では、この本の根本となっている三つのロジックがまとめられています。

初級編 彼の「天使」になる 〜「こんな子がいたなんて！」と感動させる〝受容〟のからくり

彼にとっての「天使」になることは、思いどおりの関係をつくるための土台です。

この章をマスターするだけで、今後の人生で男性に困ることは、まずなくなるでしょう。

中級編　彼の「面白かわいい子」になる　～「退屈させない」「スルーされない」〝プチ予想外〟の威力

この章では、意外性があり、男性の印象に残る女性になるための方法を書きました。あくまで土台は天使ですが、この味つけで、あなたが鮮烈に輝くのです。

上級編　彼を「ふりまわす女」になる　～望みどおりの毎日がやってくる〝教育〟のしかた

「面白かわいい」よりも、さらに「恋の手綱」をしっかり握って、あなたが二人の関係をコントロールするための章です。ますます彼を思いどおりにしていきます。

達人編　彼から「崇拝される女」になる　～必ず大事にされる〝ブランド化〟と〝教祖化〟

男性が女性にハマると、崇拝するようになることがあります。この章は「崇拝」という関係がどんなロジックでできているのか、という好奇心から読むだけでもいいでしょう。

さあ、あなたの新しい「恋愛人生」をはじめる準備はいいですか？　では、レッツゴー！

☑ **基礎からはじめれば、だれでもマスターできる**

理論編

「恋の手綱」を握るための3本柱

ひとりでにうまくいく“悪のしかけ”

「恋の手綱」を握るための3本柱 ①「悪の力」を使う

1 彼を手に入れるためには、悪魔にも魂を売れますか？

学生時代のある日、私は自分の部屋で本を読んでいると、「ほしいものを手に入れるためなら、悪魔にでも魂を売ると決めなさい」という言葉に出会い、ハッとしました。

それまでは、ほしいものや希望があっても、ほしいなあと思いながらなんとなく生きていたのですが、その言葉を目にしたときに初めて「私が本当にほしいものって、なんだろう」という「目的」の意識と、「どんな手でも使おう」という「手段」の意識が目覚めたのです。

今振り返ると、このとき私の「悪」は目覚め、脳の回路がダイナミックに組みかえられ、別人のようになりました。そのおかげで、人生で手に入れたいものを、手に入れられるようになったように思います。

「恋の手綱」を握り、「男をあやつる」ために、「悪の力」は必須です。でも、誤解しないでくださいね。なにも犯罪をおかしたり、ひどいことをする、ということではありません。

そもそも世で言われる「悪」とはなにかをつきつめてみると「自分のことしか考えていない」ということ。だから「他人に迷惑をかける、傷つける、奪う」などは悪と言われますし、犯罪も、基本的には「自分のため」で「他人のことは考えていない」のですね。

では、「善」とはなんでしょうか？　これは、悪をそのまま正反対にすればいいのです。つまり、「自分よりも他人のことを考える」「他人に優しくする、つくす、与える」です。

これが善だ、こうありなさい、と私たちは親や先生から教えられて育ってきましたよね。だから、真面目で、素直で、ピュアな優等生ほど「自分の欲望はわきにおいて、他人のために生きなければならない。そうすれば、ほめてもらえる」という感覚がしみついています。

でも考えてみてください。**恋とか愛って、100％自分の欲望ではありませんか？**　ただただ自分に湧き上がってくる、理屈ではない、抑えきれない気持ちなのですから。

あら困った。「ピュアないい子」は「自分の思いをかなえたい」「自分の欲望を満たしたい」と同時に「いい子でいたい」という相反する気持ちを持っています。だから恋愛において不器用で、どっちつかず。「手綱を握る」「あやつる」なんて、とんでもないのです。

☑ **悪も利用してしまおう**

2 「ピュアないい子」の不器用な恋愛例

私に恋愛相談をする女性のほとんどが「ピュアないい子」です。彼女たちは、優しくて、真面目で、控えめで、感じがいいのですが、恋愛で非常〜〜に損をしています。

「ピュアないい子」は、男性に対して以下のような態度をとりがちなのです。

- **従順すぎる**…意見が言えない。言うことを聞けば愛されると思っている
- **気を使いすぎる**…失礼なことを言ったり、したりして、嫌われるのが怖い
- **つくしすぎる**…つくすのが愛であり、つくせば感謝して離れていかないと思っている
- **争いを避ける**…とにかく波風を立てるのはダメ、ぶつかっては嫌われると思っている
- **正直すぎる**…ウソは悪いこと。自分の考えや気持ちは、全部伝えるべきだと思っている
- **優等生すぎる**…マナーがあり丁寧な子が好かれる、嫌われないと思っている
- **距離をとりすぎる**…素の自分は嫌われると思っている。自分を出すのが怖い
- **弱気すぎる**…とにかく自信がない。謝れば許してもらえる、嫌われないと思っている

- **すべてを見せすぎる**…自分の生活や気持ちを伝え、安心させてあげたい
- **流されてしまう**…気が弱い。合わせていれば嫌われず、断れば嫌われると思っている

これらの態度は、**「自信がない」「嫌われたくない」という気持ちと、「これが愛だ」「いい子にしていれば、きっといつかは伝わるはず」という気持ち**から生じています。

あなたがこれらの態度に思い当たるところがあるなら、ちょっと考えてみてください。

相手の男性は「そうしてほしい」と望み、喜んでいるのでしょうか？

これらを行う女性は「こんなに気を使っているのだから、わかってくれる」「いい子でいるのだから大丈夫」と無意識に思っていることが多いのですが、**オトコ目線からすると、相手の気持ちには鈍感だったり、気づかいがちょっとズレていて、空回りしがち**なのです。

男性はこういう女性を「ピュアないい子」だとは思いません。それどころか、「何を考えているかわからない」「よそよそしい」「つまらない」「魅力がない」などと感じます。

男性から見て「ピュアないい子」は、なんと「男をあやつる女」のほうなのですよ。

☑ 気づかないズレが彼を遠ざけている

3 あなたの「悪の力」を解放しよう

「男をあやつる女」は、「自分よりも他人のことを考える『ピュアないい子』でいよう」なんて思っていません。「私、あの人とつきあいたい」「あの人を思いどおりにしよう」と、「自分の欲望」をそのまま認めているので、心の中に、なんの矛盾もありません。

だから、強いのです。そして、自由なのです。

「こうしたら彼は動くかな。それより、こっちかな」とあっけらかんと考えます。

そう、**「男をあやつる女」とは、悪の力をも使いこなす「自由な子」のこと**なのです。

だけど本当は、どんな人にも、あなたにも、私にも、「善」と「悪」の、両方があります。

そうでなきゃ、おかしいのです。

好きな人を手に入れたい？　思いどおりにしたい？　そんなの、あたりまえです！

「いい子」であろうとすることをやめて、「ええ、自分の欲望に忠実になりますよ。だって、ほしいんだもん」とサバサバして開き直ると、葛藤がなくシンプルになるので、恋愛にかぎらず、人生のすべてにおいて、成功率が格段にアップするでしょう。

私たちは生きている中で、「善はいいこと」「善で生きましょう」「悪はダメ」「悪はなくしましょう」ばかり聞きますが、これって不自然で、ムリがないですか？　だって、「左手だけを使いなさい。右手は使ってはいけません」と言っているのと同じなのですよ。

願いを最短距離でかなえるためには、あなたの満たしたい「欲望」を素直に100％認めること。

そして、まずは「いいこと」「悪いこと」なんて考えずに、「彼を手に入れるためにできること」を、おもちゃ箱を床にひっくりかえすように、ぜーんぶ広げてみるのです。

たとえば「彼に気を使わないほうが本命になれる」「ウソをつくほうが自分にハマってくれる」かもしれません。そうして、すべての選択肢を挙げてから、「これはやりたくない」とか「良心がとがめる」ということは捨てて、改めて「いい子」を選んでもいいのですよ。

これが、右手も左手も使いこなす、成功率の高い、自由で納得感のあるやりかたです。

これまで教えられてきた「いい、悪い」の判断基準は、いったん手放してください。

そして**「欲望を満たすために有効かどうか？」という判断基準を持ってみましょう。**

✓ 善悪にとらわれず、あらゆる手段を知る

4 あなたの一番の欲望に正直になろう

あなたが一番ほしいものは、なんですか？

「素直で正直な自分」「ピュアな自分」でいること？　それとも、彼を手に入れること？

もしも、あなたの大好きな彼がワンピースを着ている女性が好きなら、あなたはワンピースを着て、彼の目にとまろうとしますか？　それとも、ウソはいやだ、古着やパンクファッションが好きな「本当の自分」を好きになってもらわないと意味がない、と考えますか？

そりゃだれだって、素直で正直な自分のままで、好きな人を手に入れられるのが一番です。だけど、そうはいかないこと、たくさんありますよね……？

私が「ピュアないい子」だったとき、彼氏の靴下を履きかえさせてあげ、食事をつくってスプーンで食べさせてあげ、全身で「大好き」を表現しつづけた結果、浮気をされました。

それから何年かのち、私はある男性に恋をして、**「この人を手に入れるためなら、なんでもする」**と決めました。そして自分がこれまで手に入れた手練手管を総動員したのです。

彼に私を特別だと思わせるためなら、思っていないことでも言い、彼に一日中私のことを考えさせるためなら、とりたくない行動でもとりました。彼に飲みものを買いに行かせ、ときどきケンカをふっかけ、べったり甘えたかと思えば、そっけなくふるまいました。

あなたは私のことを「ひどいことをする」「性格が悪い」と思うでしょうか？

でもね、私は彼の心の奥の願望を読みとって、それを実現してあげただけなのですよ。

「彼を手に入れるためにとるべき言動」だけを１００％選んだのです。

その結果、彼は見事に私にハマり、「きみは特別な人だ」と崇拝するようになりました。

「こんな人がいたなんて……！」「自分が人をここまで好きになれると思わなかった」など、熱病にかかったように思いを語ってくれました。愛のメール、送迎、プレゼントなど、こちらが心配になるほど、つくし、追いかけてくれたのです。

私の一番の願いは「本当の私」を見てもらうことではなく、シンプルに「彼を手に入れたい」だったのでした。

だけど、「本当の自分を見せて好かれないなら、縁がないんだ」という考えも、いさぎよくて素晴らしいと思います。どちらを選ぶのも、本当にあなたの自由なのですよ。

✓ **「本当の自分」は見せても見せなくてもよい**

5 それをやらなければ可能性がゼロならば、迷いなくやる

たとえばあなたがパーティに参加して、外見も話した感じも、すごく好みの独身男性に出会ったとします。数年に一度会えるかどうかといった、どストライクの男性です。パーティはあと10分でお開きになります。共通の知り合いも、ツテもありません。さて、あなたはどうしますか？　連絡先を聞きますか？　それとも向こうから聞かれないい以上、自分からは聞きませんか？

私なら、そこまでめったにいない人だと感じたなら、まちがいなく連絡先を聞くでしょう。しばらく話したのに連絡先を聞かれなかったということは、あまり脈がないのかなと現実認識をしつつも、とりあえずは可能性をつなげます。

もしかしたらメールやデートで好きになってくれるかもしれない、もしかしたら最高のパートナーかもしれない。そんな可能性が、そのまま別れてしまえばおそらくゼロですが、連絡先を聞いておけば0.01％くらいはあるはずだからです。いわゆるダメ元ですね。

断られたら恥ずかしいとか、かっこ悪いとか、勇気がないとか、傷つくとか、そんなこと

は全部気のせい。**断られても何も失いません。**だって、もう二度と会わないのですから。

私は昔、友達といるときにナンパしてきた男性たちと飲みに行き、連絡先を聞かれずに帰りの電車に乗りました。

しかし彼らのことがどうしても気になって、次の駅で降りて、急いで戻って連絡先を聞いたことがあります。そうしたら、なんと彼らはある著名人の勉強会のメンバーだということがわかり、その後何年か、彼らやその著名人と交流することになったのでした。

よく「女性から誘ってはいけない」とか「男性に追いかけさせろ」とかいいますよね。

もちろんそれが理想ですが、本当に手に入れたくて、何もしなければ可能性がゼロの場合、できることがあるのなら、迷いなくやりましょう。うまくいく可能性は低いですが、それでも**「ああしていれば、どうだったのだろう……」という後悔だけはしないでほしい**のです。

「チャンスの神様には前髪しかない」といいますよね。チャンスが通りすぎたあとで、つかまえようとしても、後ろ髪がないからつかまえられないのです。

チャンスがきた瞬間に、逃さずつかめるよう、いつでも準備ＯＫにしておきましょう。

☑ ダメ元だと思ってのぞめば傷つかない

6 相手の言葉を鵜呑みにしない

女性が考える「ピュアないい子」の大きな特徴として、人の言葉を額面どおり受けとめすぎる、ということが挙げられます。

「人の言葉をそのまま信じる」のは「素直で純粋」だといえるのかもしれませんが、「恋の手綱」を握り「男をあやつる」には、人の言葉の裏を読んだり、なんでもそのまま信じずに疑ってみる心が必要なのです。

たとえば、デートの誘いに対する「忙しい」とか、告白に対する「今はだれともつきあう気がない」といった返事は、相手を傷つけないための気づかいである可能性も高いのです。

また男性は、自分を大きく見せたり、人を動かすために言葉を使うことも、よくあります。

さらに、彼自身が本心から言っていることであっても、事実ではないかもしれないのです。

たとえば「一生結婚しない」と言っていた男性が2年後に結婚したとか、「つくされるのが嬉しい」と言っていた男性が、喜んでつくしている、ということは本当によくあります。

これは、彼らがウソをついていたのでしょうか？

いいえ、そうではありません。彼らも答えているときは、本当にそう思っているのです。信じられないかもしれませんが、**人は驚くほど「自分のほしいもの」をわかっていません。**

自分のほんのかぎられた経験から、そのとき「これがいいなあ」となんとなく思ったことを、ただ答えているにすぎない可能性もあります。

だから、彼の言葉は、けっして絶対的なものではないのです。

このことをふまえたうえで、人の言葉を聞かなくてはいけません。

あなたの好きな人が「素直な子がいい」とか「ぜったいロングヘアでしょ」と言ったとしても、自由な子は「今はそんな気分なんだな」くらいに話半分に聞いています。鵜呑みにして、必死にそのとおりにしようとする女性が多すぎますよ。

さきほどの、手練手管でハマらせた男性の場合も、私が「この人はこんな言動をとればハマりそうだな」と判断して、彼がこれまで出会ったことのないだろう、新しいタイプの女性を演じたのです。

彼自身も気づいていない、彼の「真のニーズ」を満たしてあげましょう。

☑ 「今、そう思っているだけ」とわかって聞く

「恋の手綱」を握るための3本柱　②「楽しませる側」に立つ

1

恋の主導権は「また会いたいと思わせた側」にある

たとえば、あなたが男性と二人で食事に行ったとします。あなたにとって特に楽しくもなく、適当にあいづちを打って話を聞いて、彼と別れました。するとすぐに彼から「また会えますか？　いつでもどこでも行きます！」という熱心なお誘いメールがきたとしたら……？

これは、あなたが「楽しませる側」で、彼が「楽しむ側」だった、ということ。

あなたはそれほど楽しくなかったけれど、彼は楽しかった。だから彼はあなたに会いたい。

そして、彼と会うか会わないかの「選択権」があなたにある、というわけです。

あなたには、特に楽しませようとしたつもりは、ないかもしれませんね。

「楽しませる」というのは、面白い話をして笑わせることや、ホメていい気分にさせることだけを指すのではありません。とにかく相手が「また会いたい」と思えばいいのです。

「惚れた弱み」という言葉もあるように、**「また会いたいと思わせた側」**が**「また会いたい**

と思う側」よりも強い立場になり、主導権を握ることができます。

逆の立場の話もよく聞きます。女性はまた彼に会いたいのに、忙しいと言われたり、メールの返信がなかったりで、会うことができない、それでフェードアウトしてしまった、と。

これは「彼女は楽しかったけれど、彼は楽しくなかった」というシンプルな話です。

もちろん彼だって少しは楽しかったかもしれませんが、彼にとって、メールを返したり、わざわざ約束してもう一度会うほど楽しくはなかった、ということです。

こんなとき、昔の私は「嫌われた」「迷惑だったんだ」とみじめになったり、自分を守ろうとして「別にそんなに好きじゃないから」「そもそも話が合わないし」など、悔しまぎれに相手を悪く思おうとしていました。

でも、「そうか、私は『楽しむ側』だったんだ。**迷惑とか嫌われたとかではなくて、彼はそれほど楽しくなかったというだけのことか**」と気づいたとき、気持ちが軽くなりました。

そして、「私の力不足だったんだ。もっと彼に楽しんでもらえる、彼の役に立てる自分になろう」と、前向きに考えられるようになったのですよ。

> ☑ **彼の立場に立ってみると**
> **もう一度会わない理由がわかる**

2
「自分の気持ち」にばかり注目していませんか？

ホステス時代にお客さんから、「真ん中あたりの成績だったクラブホステスに教えたところ、『おかげでナンバーワンになった！』と感謝された秘訣」とやらを聞きました。気になるその秘訣とは「仕事を楽しめ」という、シンプルなものでした。

私は本当に成績が上がるかどうか判断するために、聞いてすぐに実践しましたよ。お客さんの席について、「私が楽しめるように」会話しました。「今、私楽しいかな？」ということを気にしながら、自分にとって楽しい話題をふり、話したいことを明るくノリよく話しました。仕事が楽になり、時間がすぎるのが今までよりも早く感じました。

それを1～2週間つづけてみた結果はというと……、お客さんの反応が悪くなりました。それまでは、お客さんがどんな気分なのか、何を話したいのか、どう反応してほしいかなどを感じるために、全身の神経を研ぎすませて接客していたので、仕事がすごく疲れて苦しかったのです。だけど、そのかいあってお客さんが楽しそうにしていたり、感謝してくれたり、またお店にきてくれたりすると、疲れも吹っ飛んだのでした。

おそらく私の「仕事を楽しむ」の解釈がまちがっていたのだと思いますが、私の場合は、お客さんに意識を向けなくなり、仕事が自分勝手で雑になりました。

少なくとも私は、自分が苦しくても、相手を楽しませる意識を持っていたほうが圧倒的によい結果を出せ、より大きな楽しさを手に入れることができたのです。

そして察しました。そのナンバーワンになったホステスは「あなたのおかげでナンバーワンになれたのよ」と、いろいろなお客さんに言っていたのではないか、と。

男をあやつるということは、前提として、相手が楽しくなければ成り立ちません。自分が楽しいかどうかは関係ないのです。

ナンバーワンの友達も「接客しているときは自分の気持ちになんて一切意識を向けない。お客さんの気持ちに100％意識を向ける」と言っていました。

あなたは好きな人といると「自分が楽しい」から、手に入れたいわけですよね。

でも、手に入れるためには、相手があなたといて「楽しい」と感じる必要があります。

相手があなたといて楽しいと感じれば、あなたに会いたがるし、一緒にいたがるのです。

☑ 意識を「彼の気持ち」に向けてみよう

3 「相手を楽しませたら勝ち」ゲームをしよう

好きな人を楽しませることができれば、彼はあなたと「もっと一緒にいたい」「また会いたい」「つきあいたい」「結婚したい」と思ってくれます。そう思ってもらったら、どうするかは、あなたが選択すればいい。あなたが主導権を握ることができるのです。

「相手を楽しませる力」は、身につければつけるほど、人生がイージーモードになる最強の武器です。

これさえあれば恋愛の成功率は、どんどん上がります。しかも、もしもあなたがすべてを失ったとしても、人を楽しませることができれば、助けてもらえます！

お金やモノはなくなることがあっても、「相手を楽しませる力」は身についているものですから、けっしてなくすことはないのです。

私はそれに気づいてから、人に会う機会はすべて「相手を楽しませたら勝ち」というルールのゲームとしてチャレンジしていました。

「人を楽しませる」にも練習が必要です。ギターの教本を読んだだけでは、ギターが弾けるようにはなりませんよね。それと同じで、人を楽しませる方法を知っても、実践で何度も練習しなければ、できるようにはなりません。

ハズレのデートも、「人を楽しませる練習の場」だと考えると、**「どうしたら、こんなに価値観の合わない人を楽しませることができるだろう」**と考え、実践する、かっこうの機会。

あなたもこれからは、どんな場でも、一緒にいる人を楽しませたら勝ち、というルールのゲームにしてしまいましょう。

私は昔、男友達に「お前は本当にモテるわけじゃない。あの手この手で必死にやっているだけだ」と言われたことがありますが、まさにそのとおり。でも、それでいいのです。「楽しませたら勝ちゲーム」で練習を重ねるほど、楽しませるコツが身について、本命の彼のことも自然と楽しませることができ、好きになってもらえるのですから。

ただし、男性に手当たり次第に思わせぶりな態度を取ると、相手を傷つけたり、相手があなたに執着してストーカーのようになってしまう危険もあります。まったく興味がない男性に対しては、友達どうしのような、楽しい時間をすごすように心がけましょう。

☑ ムダなデートなんてない

4 男が楽しいと感じる五つの要素

それでは、男性を楽しませるにはどうすればいいのでしょう？　ここでは男性が女性といて「楽しい」と感じる要素を、ざっくりと五つに分類して、ご紹介します。

1「性的な魅力」

「女として見られるか？」「性的にアリか、ナシか？」ということは、男性にとって本能的なもので、まっさきに重要となります。男性は性的な魅力を感じる女性と一緒にいるだけで楽しいのです。女性は美しくあることを追求しますが、多くの男性にとっては、エロさを感じれば「女として超ＯＫ」なので、「美人じゃないとダメ」ということではありません。

2「明るく前向きになれる」

気持ちが明るく前向きになれる女性と一緒にいると、男性は楽しいと感じ、明日からもがんばろうという活力をもらえるのです。

3「ドキドキ」

こちらは性的な魅力へのドキドキではなく、「意外性」とか「小悪魔性」などから感じる、冒険やジェットコースターのような精神的な刺激です。これに飢えている男性は多いです。

4「自己イメージが高まる」

ほとんどの人は、人に認められると、実際の自分は何も変わっていないのに、自分について持っているイメージが高まり、いい気分になります。一方、自分を否定する人といると自己イメージが低くなり、不愉快で、否定してくる相手を嫌いになるでしょう。

5「安らぐ」

男性は戦場にいるような精神状態で生きています。だから、その女性と一緒にいて安心でき、いやされるということは、男性にとって「また会いたくなる」重要な要素です。

☑ **オトコ目線がわかれば命中率が劇的にアップ**

「恋の手綱」を握るための3本柱　③相手が「そうしたくてする」ようにする

1 男を「ころがす」発想法

以前の私は本当に男をあやつれない女の典型でした。

彼氏とのデートの別れ際は「さびしい。帰らないで」と泣いていました。同棲も「約束は守ってよ！　一緒に住むつもりでいたんだから！」と何度も何度も言って押し切りました。

相手はいやがっている、したくない。だけど、そこを頼みこむ、責める、論破する、泣き落とす、無理を強いる、我慢をさせるなど、「ゴリ押し」の発想しかありませんでした。

しかし、男をあやつる女は「どうしたら、彼が自分からそうしたくなるだろう」と考えます。彼が「そうしたくて喜んでする」ことを目指すのです。

ここがあやつれる女とあやつれない女の、根本的かつ決定的なちがいです。

多くの女性は、自分の気持ちや欲望を、相手にそのまま伝えます。

「私が悲しい」「私が苦しい」「だからこうしてほしい」と「自分の都合」を押し出します。

しかし考えてみてください。前に書いたように「手練手管」とは「自分の思いどおりに男を動かすスキル」のこと。当然動くのは男性です。

それなら**自分ではなく「彼はどう思っているのか？」「彼がしたくないのはなぜか？」のように、「動く側」の気持ちを考えないと。**

気になる人にアプローチするときもそうです。**多くの女性は、無意識に「相手は自分に会いたくないけれど、なんとか会ってもらおう」という前提でアプローチを考える傾向があります。**そこには「相手が会いたくなるように工夫しよう」という発想がありません。

彼氏と結婚したい女性も同じ。「彼は結婚したくないと言うけれど、なんとかして結婚にこぎつけたい」というご相談が多いのです。

だけど、彼から「もっと一緒にいたい！」「会いたい！」「結婚したい！」と熱望してくれたら、最高ではありませんか？

「自分の思いどおりに、彼が喜んで動くには、どうしたらいいのか？」

これからはこの発想に切りかえてください。大丈夫。あなたにも、できますよ。

☑ **彼を「熱望させる」ことを考える**

2 彼をあやつるには、彼の「自己イメージ」をあやつる

男性にかぎらず、人を動かす、人をあやつるためには、相手の「自己イメージ」というものを常に意識していなければなりません。

「自己イメージ」とは、その人が持っている自分についてのイメージです。

たとえば、あなたが人からホメられたり、仕事で評価されたり、収入が上がると、自分が能力のある、立派な、価値のある、素晴らしい人間のように感じられませんか？

これは「自己イメージ」が大きくなったということです。

逆に、あなたが人から悪口を言われたり、嫌われたり、仕事をクビになったり、好きな人からフラれたりすると、自分がとるに足らない、劣っている、みじめな、価値のない人間のように感じられませんか？

これは「自己イメージ」が小さくなったということです。

そして基本的に人は**「自己イメージ」を大きくしてくれる人といると、楽しく、のびのびとでき、その人を好きになります。**逆に**「自己イメージ」が小さくなってしまう人といると、**

苦しく、緊張したり、萎縮してしまって、その人を嫌いになります。

よく「私は傷ついた」という表現が使われますが、これは「自己イメージ」が傷ついて、自分を小さくみじめな人間のように感じて、つらい、と言いかえることができます。

人によって程度のちがいはありますが、人は「自己イメージ」を大きくしたり、肯定するために、一生をとおして努力しているといってもいいでしょう。また、**悩みや苦しみの大半は、「自己イメージ」が傷ついたり、みじめで小さくしか感じられない、ということなのです。**

ほとんどの人は、どんなものよりも「自己イメージ」を大事にしていますので、他人の自己イメージは繊細に扱わなければなりません。よく「プライド」や「メンツ」といいますが、人は「自己イメージ」を傷つけた人のことを一生許さない、ということもあります。

男性がお金をたくさん稼ごうとするのも、それが必要だからということ以上に「自己イメージ」をふくらませたいという欲求であることが多いのです。また、お金を失ったとしても「立派な人間である」という「自己イメージ」を持てるほうが、嬉しいこともあります。

だから、**「男をあやつる」とは「男の自己イメージをあやつること」**といえるのですよ。

☑
他人の自己イメージは、
どんなものより繊細に扱おう

3 「あなたの思いどおりに動く＝彼の勝ち」という図式をつくる

彼が喜んであなたの思いどおりに動くようにするには「彼があなたの思いどおりに動くこと」が「彼の勝ち」で、彼の自己イメージが大きくなる、という図式をつくればいいのです。

しかし、なんということでしょう。多くの女性が「彼女の言うことを聞く＝彼の負け」という図式をつくってしまっています。「ゴリ押し」の発想はまさにそれです。

ここでは一つだけ例を挙げます。たとえば、あなたが恋人に対して「もっと会いたい」「連絡がほしい」という要望を持っています。こんなとき、どうしたらいいのでしょうか。

● **「彼の負け」の図式**

「どうしてなかなか会ってくれないの？」「なんでゲームをする時間はあるのに、メールの返事がこんなに遅いの？」「週末は会えるって言ってたよね」などと責め、問いつめる。

《解説》これで連絡や会う回数が増えたとしても、彼は「しかたなくそうした」のです。

あなたが「上」で「支配する人」、あなたの言いなりになった彼は「下」で「支配される人」、

つまり「彼の負け」という図式になり、彼の自己イメージは小さくなります。

彼を負けさせるたびに、彼はあなたをいやになり、結婚は遠ざかり、別れが近づきます。

・「彼の勝ち」の図式

彼からのどんなメールへの返信にも「嬉しい！」という気持ちを表現し、会えたときには「わーい！」と犬のように無邪気に喜び、抱きつき、喜びの舞を舞う。


《解説》彼は連絡したり会うたびに、**「自分の存在が必要とされ、喜ばれる」ので彼が「上」で「支配する人」**、つまり「彼の勝ち」の図式になり、彼の自己イメージは大きくなります。

彼は喜んで連絡したり会ったりするので、彼女の願いはかなうというわけです。


「彼を勝たせる図式」づくり、なんとなくつかめましたか？

あなたが彼に「こうしてほしい」という希望があるなら、**それを彼がすることで、彼にとって「嬉しい」「ほこらしい」「自己イメージが大きくなる」という仕組み**をつくりましょう。

☑ 「ゴリ押し」ではなく、彼の自己イメージを大きくする

初級編
彼の「天使」になる

「こんな子がいたなんて！」と
感動させる“受容”のからくり

1 本命として愛される「いやしの存在」になる

私の友人で「男をあやつる女」という言葉がピッタリの人がいました。

生活に困っている時期は、彼女とキスもしたことがない男性が生活費を振り込んでいました。彼女の持ちものは、ほとんどが男性からのプレゼントでした。

そして生活費やプレゼントの男性とは別に、いつも素敵な彼氏がいました。

しかも意外なことに、彼女に水商売の経験はなく、清楚であどけない雰囲気だったのです。

私は、男性が女性に生活費を振り込むなんて肉体関係がなければありえない、とか、男性がプレゼントをするのは下心があるに決まっている、と思っていたので、体にいっさい触らせずに金品だけみつがせるなんて、心の底から魔法にしか思えませんでした。

そこである日、彼女と食事をしたときに聞いてみたのです。

「ねえ、どうしたら体の関係もないのに、お金を振り込んでもらえるの？　ものを買ってもらえるの？　どうして男はみんな、あなたの思いどおりになるの？」

すると彼女はお寿司をもぐもぐ食べながら、なんでもないことのように答えました。

「『この世に、こんな子がいたなんて！』と思わせればいいんだよ」と。

……それは私にはまったくなかった発想でした。相手に自分が思わせたいように「思わせる」、そして動かしたいように「動かす」。そう、これもまた「手練手管」だったのです。

さらに彼女から話を聞いたり、男性と接している姿を観察した結果、彼女は男性に対して「天使」を演じていることがわかりました。

男性は、心の奥底では自信がなく、おびえていて、いやされる場所を探しています。

だから**「こんな天使がいたなんて！」と思わせることができれば、彼はその女性にハマり、手放したくないと感じ、どんどん助けたくなる**のです。

男性をあやつるには、この「天使」という基礎がもっとも重要です。基礎のないところに中級、上級と応用を乗せても、失敗したジェンガのように崩れてしまうでしょう。

この章では、男性に天使だと感じさせ、ハマらせ、あなたの望むことを「させる」ための、具体的で簡単なテクニックを、これでもかというほど紹介します。

効果はすべて実証済み。あなたもさっそく今日から試してみてくださいね！

☑ 男は「天使」を手放さない

2 第一印象で「本命」になれる女性、なれない女性

男性は女性を見るときの「解像度」が低く、「かわいい」「若い」「怖い」のように、ざっくりととらえます。そして女性の表面を見て「そのまま」判断すると思っておいてください。

前章で書いたように、男性は「性的にナシ」だと感じた女性には恋愛感情を持てません。

しかし「性的にアリ」でも、「本命」としてつきあいたいかというと、それは別問題。

たとえば超ミニスカートで、太ももと胸の谷間を見せている女性には性的魅力を感じやすいですが、同時に「すぐにヤれそう」「遊んでそう」と無邪気に思い込み、一瞬で「遊び」、「本命ではない」と分類する男性もいるのです。

「清潔感」や「清楚さ」を心がけていれば、そのリスクはかなり低くなるでしょう。

そのためには、過度な露出を避け、ストレートかゆるいウェーブの黒髪。茶髪でも黒に近い色が無難です。また、ゴテゴテの巻き髪より、サラサラやふんわり好きの男性が多いです。

大多数の男性は「見た目の印象＝彼女の内面」だととらえる、と思っておきましょう。

特に第一印象では、白くて清楚なファッションなら「内面も白くて清楚で、きれい好き」

と感じ、下品でだらしないファッションなら「内面も下品でだらしない女性で、部屋も汚そう」と感じてしまう人が多いのです。

同じく、エグい下ネタをノリノリで話す女性のことも「下品」「男性経験が多そう」「ヤれそう」「酒飲み仲間ならＯＫ」と単純に判断してしまいがちです。

また、いくら外見がキレイでも、汚い言葉づかいの女性には幻滅します。一方、**きれいな言葉づかいの女性は2割増しに美しく見え、本命候補になりやすい**でしょう。

タバコを吸う女性を本命にしたくない男性も多いです。これも「スレていそう」「遊んでいそう」「不健康。自分の子供を生んでもらいたくない」と感じるのです。

だから、「私が自立して強そうに見えるのは虚勢なの。私の奥に隠れた、子猫のように震える私を見つけて」なんてロマンは捨ててください。男性がすぐ見てわかるように震えましょう。見てほしい部分は隠してはダメです。

とにかく**「ベタでわかりやすい本命仕様」**にしましょう。本命タイプに見られないなら、**「わかってもらえない」「誤解される」**のではなく、**「わかるようにしていない」**のです。

☑ **下品なイメージの女性は本命になりにくい**

3 男ウケする「本命ファッション」でチャンスを増やす！

あなたにも好きなファッションがあるでしょう。だけど、もしかしたら男性は、あなたに対して意外なイメージを抱いているかもしれません。以下に、男性ウケがあまりよくないファッションと、その印象の例を挙げます。参考にしてみてください。

- **パンクファッション、多すぎるピアス、顔のピアス、濃い色（紫、黒など）のネイル、革のつなぎ、刈り上げヘア、原色（赤、青など）の髪**→攻撃的、怖い、女性だと思えない
- **ゴスロリ、フリフリ、ドール系、頭に大きいリボン、コスプレ、ビジュアル系**→自己愛が強そう、恋人より自分のほうが好きそう、幼児っぽく社会性がなさそう、人や男性に対して閉じている感じ、おたくっぽい、変な人、心が病んでいそう
- **ダボダボ（スウェット、ジャージ、ストリート系など）、森ガール、古着、レギンス・トレンカ、マキシスカート**→色気がない、ダサい、イモっぽい、男を必要としていない
- **モード系**→高飛車、自分の美意識に合わない男は排除しそう

・ハイブランドファッション↓プライドが高そう、品がない、中身がない、デートにお金がかかりそう、庶民の自分を否定されそう、自分はお呼びでない、お金大好き
・着物↓【カジュアル系】主張やこだわりが強い変わった人　【金持ち系】世界がちがう

男性は、ハイセンスだったりセレブっぽい女性に反発を感じたり、腰が引けてしまう人が多く、また、個性や自己主張が強い、奇抜なファッションの女性には、本能的に抵抗感や距離を感じ、「デートに誘う対象」にはなりにくいのです。

はじめての来客には、青汁よりもお茶を出しますよね。同じく**「男性を受け入れますよー」と間口の広いファッションのほうが、内面まで見てもらえる確率は高まる**でしょう。

清楚さにプラスして適度な女性らしさ、色気、華やかさ、流行感のある**「女子アナファッション」は、万人受けする「最大公約数スタイル」**。とりあえずの様子見にはおすすめです。

しかし、個性的なファッションでも、バイクや音楽、コスプレなど同じ趣味なら、仲間だと感じて、かえって早く仲よくなれることも多いでしょう。

☑ 彼の不安をくすぐらないファッションに

4 男の一番好きな「ちょいエロ」を手に入れよう

日本人男性の好物は、「丸見え」「丸出し」のエロではなく、「ちょいエロ」です。

また、女性はモデルのような美に憧れますが、**男性にとって「きれい」と「エロい」は別物。**以下のような作業で、外見上の「ちょいエロ」はつくれます。

- **ノースリーブのトップスで二の腕とわきを見せ、胸のラインを際立たせる**
- **シャツやブラウスはボタンを一つ多く外す、Vネックのセーターを着る**
- **パンツならヒップライン、スカートならふくらはぎと足首が見えるようにする**
- **太ももを見せるときは、ホットパンツなど健康的で清潔感のあるイメージで**
- **長い髪を一つにまとめて、うなじを出す動作をする**

あからさまに「見せる」のではなく、「つい見えてしまう」のがポイントです。

また、「女として見てもらおう」と気合が入ると、ついやりがちなのが、香水のつけすぎ。

「くさい」「気持ち悪くなる」「一緒に食事したくない」など、男性の印象はよくありません。男性にとって、シャンプーや石鹸の匂いがほんのりするのが「ちょいエロ」です。

昔、私を買ってくれていたママが、「あなたには女としての『媚び』がある」と言っていました。当時は「こんなに地味で色気もないのに、そんなわけない」としか思えませんでしたが、今思えば、お客さんに対して「私を好きになって」「私に夢中になって」と思って必死に仕事をしていたため、知らないうちに「媚び」が出ていたのかもしれません。

ムッチリした二の腕や汗ばんだ首筋も、とってもエロいですが、**「この人が好き」「この人に触られたい」「この人にメスとして求められたい」**といった、内面からにじみ出る「欲情」「本能的な色気」「媚び」も、男性にうったえる強い「湿気」を放出します。

「媚び」のある女性は、笑顔で彼の顔をのぞき込むなど、なれなれしく、「楽しそう」「嬉しそう」に見えます。目はうるみ、頬は上気して、ダボダボの服を着ていてもムンとした色気が出ているでしょう。**清楚さ、節度をたもちながらも、内側からはおさえきれない「女としての欲望」が湧き出ている。**外見だけでなく、内面からのこんな「エロ」も重要なのです。

☑ エロとはつまり湿気のこと

5 リアクションを150％に増量する

前章で、オトコ目線では、「ピュアないい子」は反応がのっぺりしていて、なにを考えているかわからず、つまらないと感じる、と書きました。

一方、「男をあやつる自由な子」はイキイキして見えます。相手の目を見て、笑顔で話を聞いて、それはそれはマメに **「ありがとう」「嬉しい」「すごい」「楽しい」** と言います。 **「知らなかった！」「初めて！」「教えてください！」** も頻出ワード。「知りませんでした。メモしていいですか？」と言って、熱心にメモします（このテクは使えます）。

帰り際は、笑顔で **「楽しかった。ありがとう！」「ごちそうさまでした。おいしかったです！」** と言い、手を振ります。

たったこれだけの「作業」で、**男性は「いい子だなあ」と感動し、彼女が三倍かわいく見えてしまうのです。**

「男をあやつる女」は、反射的に、こういった決まり文句がどんどん出てきます。「本当にいい子かどうか」なんて関係なし。「頭の回転」も「恋愛経験」も必要ありません。ただ

「作業」を行ったか行っていないかだけ。「慣れ」とか「練習量」の問題です。

それなのに、男性は「黒い女」を「天使のような子だ」と思い、「したたかな女」を「俺が守りたい」と思う。本当の「ピュアないい子」は「なに考えてるか、よくわかんね」で印象に残らず、終わり。はたして、これでいいのでしょうか⁉

基本的に男性は、女性がなにを考えているのか、全然理解できません。

だから、**リアクションを150％に増量して「わかりやすーく」してあげなければ。**

「ピュアないい子」の中には、声が大きくて、よくしゃべる、ガハハ系の不器用女子もいますが、こちらも「かわいいなあ」「いい子だなあ」にはならず、損をしています。

照れくさいかもしれませんが、とにかく右に挙げた「作業」を行いましょう。

また、**相手の素敵な部分は惜しみなくたたえましょう。**好きな相手の魅力や長所なら、いくらでも見つかりますよね。私は「いい！」と思ったら相手によさを力説してしまいます。

意外と本人が気づいていないことも多く、人って相手の長所を教えてあげないものなのだなあと思います。言われたら嬉しいし、言ったほうも好かれるし、全員が得しますよ！

☑ **「頭の回転」でも「恋愛経験」でもなく大事なのは「わかりやすさ」**

6

「心がきれい！」と感動させるなんてチョロい

天使の特徴を一言でいうと「心がきれい」なこと。これを聞いて、「え……、私はドロドロしています」と思うことなかれ。心を本当にきれいにすることは大変ですが、男性に「なんて心がきれいな子だろう」だと「思わせる」ことはチョロイのです。

以下を彼の前で実践すれば「こんな女性と結婚したい」と思われる可能性は激増します。

1 人や店、サービスなどの悪口や文句を言わない
2 その場にいない人のことをホメる
3 同性や自分のライバルのこともホメる
4 お年寄りに席をゆずるなど、見知らぬ人に親切にする
5 人から悪く言われている人、誤解されている人などをかばう発言をする
6 飲み会などで輪に入れていない人に話しかけたり、仲間に入れてあげようとする
7 自然や動物、子どもや赤ちゃんが好きではしゃぐ、かわいがる（フリでOK！）

※子どもや赤ちゃんは「結婚したいアピール」と敬遠されることもあるので、自然や動物が無難。

8 感動する映画やドキュメンタリーなどを見て涙する（フリでOK！）

9 人の苦労話や悲しい話を、悲しそうな表情で親身に聞く。可能なら涙を見せる

10 他人の靴をそろえたり、ホームパーティやバーベキューなどの後片付けをする

11 彼の家族や友人を気にかける発言をしたり、ささやかなプレゼントを彼に託す

ね、チョロイでしょ？　これらをただ「作業」として行えばいいのです。そうすれば**彼は「優しくて愛がある女性で、自分にもずっと優しくしてくれるだろう」と思います。**

ただし、「いい子ぶっている」と鼻については逆効果。すべては、そっとさりげなく、目立たないように行いましょう。**彼がたまたま気づいてしまった……という形がベスト**です。

気づいてもらえるのは10のうち1か2かもしれませんが、**その1や2のために10行う**のです。付け焼き刃的なアピールではないと思われるからこそ、絶大な効果があります。

見られていないと思っていても、彼は意外と見ているものなのですよ。

☑ **「天使」は作業でつくれる**

7

「ありがとう」と「笑顔」がほしくて男は動く

あなたは、男性に頼ったり、助けてもらったり、プレゼントされるのが、苦手ですか？

私はずっと、人からしてもらうことを「お返ししないと」と苦しく感じたり、「頼るのは負け」「足元を見られるのでは」という警戒心があって、とても甘え下手でした。

しかし、10年くらい前、私の意識を１８０度転換させる、あるできごとがあったのです。

この日、私は自分の身長くらいの重い楽器を、一人で運んでいました。

歯を食いしばって運んでいたのですが、電車の中で、見知らぬ男性がさっと運んでくれました。私は反射的に（必要ない！　一人で運ばなきゃ！）と思ったのですが、本当に無理だったので、あきらめて手伝ってもらい「ありがとうございます」と頭を下げました。

するとその人は、ほほえんで軽く会釈して行ってしまったのです。私は「あれ？　なにも要求されないし、イバられもしない」と気が抜けました。そして電車を降りてからも、多くの人が私のために進んで場所をつくってくれたり、段差の部分では一緒に持ってくれたりして、そのたびに私は笑顔で「ありがとうございます。助かりました」とお礼を言いました。

その経験をとおしてわかったのです。人はかならずしも金品やカラダがほしくて人を助けるのではない。「ありがとう」がほしいんだ、「役立てる」だけで嬉しいんだ、と。

私は人に助けてもらうことを、「相手の損」だとしか思っていませんでした。

しかし、**人からの助けに対して、笑顔と「ありがとう」を返せば、それでちゃんとお返しができているんだ、相手も得しているんだ！** と目の前がパーッと晴れたのです。

そしてその発見は、どうして男性が、キスもできない女性にプレゼントするのか、送り迎えするのか、手助けするのか、という疑問に対する大きなヒントになりました。

男性は、困っている女性を助けて感謝されると「パワフルなヒーロー」という自己イメージを持つことができ、気分がいいのです。相手がかわいい子とか好きな子でなくても、です。

むしろ、**自分がヒーローになれる女性をかわいいと感じ、好きになる、**とさえいえます。

これからは、男性がなにかしてくれるときに、遠慮したり、「すみません」と言うよりも、笑顔と「ありがとう」を返してみてください。彼はあなたを近くに感じるでしょう。

☑ **感謝してくれれば、かわいく見える**

8 みつがせる技術 ～準備編

「男性にお金をかけてもらう女性がうらやましいし、劣等感を抱いてしまいます」という女性がいますが、劣等感を抱く必要なんていっさいありません。

男性が女性に「みつぐ仕組み」を分解していったところ、意外と簡単なロジックだということがわかりました。

みつがせるための準備運動として、「なにかをもらったときの反応」をご紹介します。

①もらったものを使う

たとえば携帯ストラップやネックレスならつける、本なら読む、などです。

見せられるものは、彼が見ているときに使います。いつも使わなくてもＯＫ。

②それをもらえて、嬉しい理由を伝える

「ゴールドが大好きだから嬉しい！」「ファーがついてるの好き！」など、理由があると、口だけでなく本心だと思ってもらえます。また、具体的な好みを伝えることで、次からくれるものが、どんどんあなたの「本当にほしいもの」に近づいていきます。

③ 使っている画像を送る

花なら飾っている画像、バス用品ならバスルームに置いてある画像など、使っていることがわかる画像を送るか、会ったときにその画像を見せましょう。

④ 人に自慢する

「かわいいでしょ、○○さんにもらっちゃった」など、彼の目の前で、ほかの人に見せびらかします。あげたことを彼が内緒にしたい場合は、ものだけを自慢しましょう。

⑤ 後日も感謝する

「ネックレスつけてるよ」「お花をくれて感激した」などを、後日にも伝えます。

小さなプレゼントも、このように、いろいろな方法で喜びと感謝を伝えるのがコツです。そうすると相手は、自分が支払った対価よりも、「感謝され、いい気分になれる」というリターンのほうが大きいと感じ、次からも、どんどんしてあげたくなるのです。

☑ さまざまなアプローチで喜びと感謝を伝える

9 「嬉しい知らせ」を伝える天使になる

想像してみてください。あなたの知り合いのAさんが「Bさんがあなたのこと、感じがよくて素敵な人だって絶賛してたよ」と伝えてくれました。

あなたはきっと、その言葉を聞く前よりも、Bさんに好感を持つでしょう。

そして、Bさんがあなたに直接「感じがよくて素敵な人ですね」と言うよりも、Aさんから聞くことで「お世辞でなく、本心からそう思ってくれているんだな」と感じるはずです。

だから、あなたがだれかをホメるときは、**あえてほかの人の前でホメて、間接的に本人に伝わるようにする**と、お世辞だと思われず、より好感を持ってもらえるのですね。

この方法はとても効果的です。あなたも、聞いたことがあるかもしれません。

しかし、意外に思われるかもしれませんが、さきほどの例でいうと、あなたは「Bさんがホメていたよ」と「嬉しい知らせ」を伝えてくれたAさんにも好感を持つのです。

逆にもしもAさんから「Cさんがあなたの悪口を言ってたよ」と聞いたとすると、Cさんだけでなく「悪い知らせ」を伝えたAさんへの好感度も下がるのです。

私たちは「知らせの内容」に意識が向かい、それを伝えた人の存在は見すごしがちです。

しかし、知らせの内容によって、それを「伝えてくれた人」への気持ちが変わるのです。

それに気づいたとき、私は人間の心理って単純でいいかげんだなあ、とびっくりしました。

とはいえ、せっかくなので、この心理をどんどん活用するしかありませんね。

好きな人に、**彼にとっての「嬉しい知らせ」をどんどん伝えてあげましょう。**

彼をだれかがホメていたら、彼に全部伝えてあげます。それだけでなく「あなたのお財布見つかったよ」「給料がアップするって」「明日は晴れるって！　釣りに行けるね」「あなたの母校が優勝したよ」などなど、いつも彼にとっての「嬉しい知らせ」を持ってくる、「幸せの天使」になりましょう。

あなたが直接、彼が喜ぶことをしたわけではありません。ただ彼が喜ぶ「知らせ」を運んでいるだけです。それなのに、彼にとっての天使になってしまうのですよ。

モテる人、人気のある人、成功している人は、「嬉しい知らせ」を、人にどんどん伝えてあげています。こんな簡単なことで天使になれるなら、やらない手はありませんね。

☑ 「悪い知らせ」を伝えると好感度は下がる

10 彼を「優しい男」に変える、魔法の一言

男性が言われて嬉しい鉄板のセリフとして「ありがとう」「すごい」「さすが」「教えて」などが有名ですが、私の経験上、ほぼ100%の男性が喜ぶ言葉があります。

その言葉とは……**「優しいね」**です。

このページを書くにあたってネットで調べてみたところ、「優しい」と言われても男は嬉しくない、男はワイルドでかっこよくありたいんだ、という意見がたくさん出てきました。

たしかに、「○○さんって、優しいですよね」のように一般的な話として言われると、「俺にはホメるところがないってことか」とがっかりする男性もいるかもしれません。

ふぅ。その言い方じゃダメなんですよ。効果的な言い方の例は、次のとおりです。

①合コンで、気になる男性があなたに取り皿を渡してくれ、さらに飲み物も注文してくれた。そこですかさず「うわぁ、優しいな……」と感動したように言う。

②元気のないあなたに、男性が「また、がんばればいいじゃん」と、はげましてくれたと

き、目を見つめながら「……ありがとう。優しいね」と言う。

③ それなりにつきあいが長い同僚や男友達が、気づかいや親切をしてくれたとき、しみじみと「○○さんってさ、本当に優しいよね」と言う。

あなたは、①②③の共通点に気づきましたか？

そう、**なにか優しいことや気づかいをしてもらった「そのとき」に、しみじみと言うのがポイント**なのです。私の経験では、このように伝えると男性の表情が微妙にニヤけて、雰囲気がデレッとした感じになり、その後は輪をかけて優しく紳士的にふるまってくれます。

これを伝えた女性から「機会を見つけては『優しいね』と言うようにしたら、男性がみんな優しくなって、めちゃくちゃモテるようになった」とのご報告がありました。

そりゃ当然です。**言われた男性は「優しい男」という自己イメージを持つので優しくなります。**それだけでなく、この言葉は**「この子、俺に惚れたのかも」とかんちがいさせる「思わせぶりワード」**でもあるのですから。

☑ その場で言うのがポイント

11 彼にまつわるものは、すべてホメる

想像してみてください。

あなたが気持ち悪いと思っている男性が、あなたのペンを勝手に使っていたら、いやな気分になりませんか？　逆に、あこがれている男性が使っていたら、嬉しくはないでしょうか。

どちらも「あなたそのもの」に触れたわけではないのに、です。

どうしてこう感じるのかというと、自分の持ちものに自分を投影しているから。

つまり、自分のペンに触られるのは、まるで自分が触られているような気がするのです。

自分の好きな有名人や趣味、家族などになると、投影はもっと強いものになります。

家族がホメられると、まるで自分がホメられたように嬉しくなり、好きな有名人がけなされると、まるで自分がけなされたように悔しくなるのは、人は「自分の持ちもの」「自分の好きなもの」「自分が思い入れのあるもの」に自分を投影するからです。

もしも、あなたを「かわいいね」「大好き」と言ってくれる人が、あなたの大事にしているものやペット、家族などに無関心だったり、それらを嫌ったり、乱暴に扱ったら、はたし

てあなたは本当に大事にされている、関心を持ってもらっている、と思えるでしょうか？

あなたの好きな人にとっても、それは同じです。**彼は自分の持ちものや趣味、好きな有名人や家族、友人などに自分を投影している**でしょう。

だから**彼にまつわるものは、基本的に全部ホメて、大事にしてあげましょう。**

彼のことを「イケメンだよね」「頭いいよね」「いつもおしゃれだね」「優しいよね」などとホメても、彼の大切にしているものについてむとんちゃくだと、彼という人間の一部にしか興味を持っていない、と思われてしまうかもしれません。それに、彼そのものをあまりにホメまくるのは、うっとうしいと思われたり、下心を警戒される可能性があります。

しかし、「あなたの好きなバンド、いいよね」「あなたの弟さん、感じがいいね」「あなたの応援しているチーム好きなんだ」のように、彼にまつわるもの、彼の好きなものをホメて、大事にすると、ガツガツと必死な感じはやわらぎます。そして、彼はあなたのことを、自分をまるごと受け入れてくれる理解者であり、味方、仲間だと感じるのです。

彼にまつわるものは、彼の分身です。彼と同じように、大事に、丁寧に扱いましょう。

☑ **人は好きなものに自分を投影している**

12 「時間差」を使いこなせば、心に残る女になる

私はずっと「人をホメる」「感謝する」を実践しているつもりでしたが、あまり人から好かれるようになった実感が得られず、効果的な方法について何年も模索していました。そして、ようやくわかったのが「時間差」が重要だということ。例を挙げてみましょう。

①相談したあと、「○○さんに相談して本当によかったです。すごく助かりました」とベタボメ。一か月後に会ったときにも「あのアドバイスが役に立っています。本当に救われました。ありがとうございます」ともう一度感謝する。

②「私、前からずーっと、あなたと話してみたいなって思ってたんだ」

③「この前あなたから聞いた話を、あれから考えてみたんだけど……（と考えを言う）」

④「この前教えてもらった本、読みましたよ！」（本当に読み、感想を言う）
⑤「○○さんって、かっこいいよね」と言うが「外見は自信ないから」と聞いてもらえなかった。しかし、会うたびに「やっぱり○○さんって、かっこいい」と言う。

これらの共通点は、**「今だけ」の「点」ではなく、点と点をつなげて、「時間の流れ」という「線」として、相手に伝える**ところです。

ほとんどの人が、その場だけなら「ありがとう～！　嬉しい～！　すごい～！」と手放しでホメるのです。「人をホメましょう」「感謝しましょう」とさんざん言われていますしね。

でも、せっかくホメても、それでは効果が半減。**「時間差ホメ」**なら、**最初にホメたときから二度目にホメたときまでの間「ずっとそう思っていた」印象を相手に与え、「本心なんだ！」と感じさせる**ことができます。さらに、「真面目でちゃんとした人」「自分を大事に思ってくれている人」「信用できる人」という印象も与えることができるのです。

✓ してもらったことは覚えておく

13 ホメるときは「人とくらべてあげる」のが正解

「ホメるときは、他人と比較してあげるほうが嬉しいんですよ」と言うと、たいてい「比較するの？　しないんじゃなくて？」と意外そうな顔をされます。「人と比較するのはやめましょう」「人それぞれのよさがある」ということを、いつも耳にするからですね。

しかし、あなたは、「君には、君のよさがあるね」と言われるのと、「この中で、君が一番いいね」「○○ちゃんよりも、君のほうがかわいい」「君といるのが、世界で一番楽しい」などと言われるのでは、どちらが、より気分がよくなって、舞い上がってしまうでしょう？

堂々とは認めにくいですが、本当は、他人とくらべて「あなたのほうがいい」「あなたが一番」と言われることほど、私たちの優越感を満たし、うっとりとさせることはありません。

特に男性は「群れの中で一番でありたい」という競争意識が強いので、「あなたが一番すごいよ」と、周りと比較してホメられるのが嬉しいのです。

「くらべることなんてない。あなたには、あなたのよさがある」という言葉は、男性にすれば、敗者へのなぐさめにしか聞こえません。彼の自己イメージを大きくしたいときは、無理にでも**「彼が一番であるところ」「彼がより優れているところ」を見つけてホメましょう。**

- 「かっこいいよね」→**「この中で一番かっこいいよね」「世界一かっこいい！」**
- 「好き」→**「こんなに好きになったのは、はじめて」「この世で、あなただけが好き」**
- 「頭がいいよね」→**「この中で一番頭がいいよね」「こんなに頭がいい人はじめて会った」**
- 「おもしろいね」→**「芸人よりおもしろい！」「あなたとくらべると、みんなつまらない」**
- 「出世だけが人生じゃないよ」→**「出世が遅いの？　才能は圧倒的に一番だよね」**

もちろん、上の段の言葉だけでも十分嬉しいのです。

しかし、さらに「他人と比較」する味つけをすることで、一人で反すうしてしまうような、めちゃくちゃ舞い上がるホメ言葉にランクアップできるのですよ。

そして彼は、その「いい知らせ」を伝えてくれたあなたに好感を持ち、「自信をつけてくれる、安心できる存在」だと感じます。

☑「あなたが一番」がダントツに嬉しい

14

「なんで〜?」はオールマイティに使える「女の武器」

相手が好きな男性であってもなくても、チューしようとしてきたり、「ホテルに行こう」と言われたり、あなたがしたくないことに誘われた経験、ありませんか?

関係を悪くさせずにうまく断るのって、むずかしいですよね。

……そんなときは「なんで」の出番です。

昔、初対面の若いお客さんが、「今日は君の家に泊まる」と、しつこく言ってきたことがありました。私は真面目に「いきなりは無理ですよー」などと言っていたのですが、そのうちに彼がすねて黙りこみ、最後まで気まずい空気になってしまいました。

私は落ち込んで、翌日、売れっ子ホステスに「あなたならどうした?」と聞くと、「『えー!? なんでー? なんでー? アハハハー!』で押し切るかな」と言われました。

私はそれを聞いて、「あー、これは理屈をふっとばす、女ならではの発想だ。クソ真面目な私には思いつかんわ」と感心したのです。

明るい「なんで?」はノーに聞こえません。でも、イエスでもないのがミソ。

男性は「なんで？」と聞かれると、無意識に「ちゃんと返事をしよう」と考え、言葉と行動がストップします。しかも楽しげなノリに混乱し、ペースが乱されタジタジになるのです。

私も考えてみれば「なんで？」をよく使っていました。相手をホメるときに**「なんでそんなに○○なんですか？」**と言うのです。

「なんでそんなにおもしろいんですか？」「なんでそんなこと思いつけるんですか？」のように、○○の部分はなんでもいいので簡単です。

また、「なんで○○なんだろう」も使えます。気になる人と一緒にいるときに、「なんでこんなに楽しいんだろ」とひとりごとのように、あるいは「今、私、なんでこんなに嬉しいんですかね？」とニッコリしながら言います。これは質問形ですが、質問ではないのですね。

この用法は、「すごく面白いですね」「発想力がすごいですね」「一緒にいて楽しいな」などと言うよりも自然でウソっぽくなく、言葉に深みが増します。

「なんで○○？」ということは、○○の内容が本題ではなく、「事実である前提」として話を進めているのがミソなのですよ。

☑ 明るい「なんで？」で彼のペースを乱す

15

「自信のない女性」はモテる!?

自信がない女性は「自己イメージ」が小さくしぼんでいます。

だから、男性から粗末に扱われても当然だと感じたり、嫌われたくなくて自分の意見を言えないため、つまらない女性だと思われてしまうことも。また、自分が愛されていると思えず、嫉妬や束縛ばかりして、みずから関係を壊してしまうなどのマイナス面もあります。

私もずっと自分に自信がなかったので、自分を認めてくれない男性こそが見る目があって、価値が高い人だと感じ、そういう人に何年も執着したりしていました。

でも、恋愛において自信がないことって、本当にマイナスばかりなのかな、とも感じています。私自身のことを考えてみても、得しているな、と思える部分もあるのですよ。

たとえば、自信がなくて嫌われるのが怖いからこそ、相手の心の動きに敏感でいられ、相手が自分を嫌いになる前にすばやくフォローを入れたり、軌道修正することができます。

また、相手がしてくれた、ほんの小さなことにも気がついて「こんな自分に優しくしてくれて、本当にありがとう……」と、心から思える部分もメリットだと思っています。

自分に自信がないことは、繊細さや謙虚さにもつながるのですね。

さらに、**オドオドしているところが垣間見えたり、断るのが苦手そうな女性は、親近感を持ってもらえたり、「俺が助けたい」「守ってあげたい」と思ってもらえる**こともあります。

あなたの「自信のなさ」も、男性から見ると意外な魅力になっているのですよ。

その反対に、**あまりに堂々として輝いている女性に対して男性は、「人生が充実していて、俺なんて必要なさそう」「俺になんて時間を割いてくれなさそう」と感じて「自己イメージ」が小さくなり、腰が引けてしまう、**ということもありえます。

また、自信がない女性のほうが、最初につきあった人を離さずに結婚し、自信がある女性のほうが、次がいると思って簡単に別れてしまったり、晩婚の傾向にあるように思います。

とはいえ、自信がなくて、男性の言いなりになったり、ふりまわされたくはないですよね。

私は「こうすると嫌われる」「こうするとうまくいく」ということを一つずつ学ぶことで、自信がないままでも、恋愛がうまくいくようになりました。

ムリに自信を持つ必要はありません。恋愛について、正しく学んでいきましょう。

☑ 自信がないからこそ「守りたい」と思われることも

16 「並の気づかい」を「感動的な気づかい」にするプロのコツ

「気配りできる女性は素敵」「気がきく女性はモテる」などと、よく聞きますよね。

だけど、じつは私、状況に応じてチャチャッと気配りするのが苦手なのですよね……。

だから苦手なりに身につけたくて、デキるホステスたちを観察していました。

ある日のこと。一人のお客さんが一瞬、体を丸めて、両手で二の腕をさすりました。寒いときに、腕組みのようにして腕を温めようとする、あのしぐさです。

すると次の瞬間、先輩のやり手ホステスが指をパチンと鳴らして黒服を呼び、「暖房の温度を上げて」と命じたのです。

そのあざやかさに、私は「おおおっ……！　かっこいい……！」と感動してしまいました。

この感動のポイントは、彼女が、私やふつうの人のように「寒いですか？　暖房を上げましょうか？」などと確認することを省略して、ダイレクトに黒服に命じたところです。

同じ気づかいでも、お客さんに確認なんて、しては野暮なのです。

寒いことはしぐさでわかったのだから、本人への「確認」という段階を省略する。

これだけで、「並の気づかい」が「感動的な気づかい」に変身するのです。

ついでに言えば、あえてお客さんの前で黒服に命じることは「あなたが王様、私たちは召使い」という演出になり、お客さんを気持ちよくさせるという効果もあるのですね。

これは今日からあなたにもできます。相手が寒そうなしぐさをしていたら、さりげなく暖房を入れたり、そっと温かいお茶を出す。書くものを探していたら、さっとペンを差し出す。薬を取り出したら、コップに水を入れて出す。せきをしたらのどあめを差し出す。

「寒いですか?」「ペンが必要ですか?」「水がいりますか?」などの、**必要のない確認を省くだけで、相手がハッとするような、印象に残る気づかいになります。** 差し出すときは「よろしければどうぞ」の一言をそえれば、押しつけがましくなりません。

頼む側は「すみません、ペンを貸してください」「水をいただけますか?」などと言いづらいので、その**気持ちの重さを省いてあげる**のですね。特に「寒いです」「暑いです」という言葉は、他の人に気を使って、かなりギリギリまで言い出しづらいものですから。

気配りには、相手の目線やしぐさを観察し、察することがなにより重要です。

☑ あえて確認しないで動いたほうが印象に残る

17

彼の「いつもの」をチェックして準備しておく

私が昔、ある講習会に初参加したときのことです。会が終わってから12人くらいで喫茶店に行ったのですが、ある若い男性が、全員分の飲みものの注文を、まとめてとりました。

そのときに彼はなんと、私に「紅茶でいいですか？」と言ったのです。

私はちょうど紅茶を頼もうと思っていたので、「超・能・力……？」とおどろきました。

しかし、すぐに、自分が教室でペットボトルの紅茶を飲んでいたことを思い出しました。

彼は私の飲んでいたものを見て覚えていたのか、と思ったらまんざらでもなく、「おぬし、やるのう」と、まったく印象のなかった彼が、私の中で突然クローズアップされたのでした。

私は、すぐにそれをホステスの仕事に活用しましたよ。

まず、しょっちゅうきてくれるお客さんのタバコの銘柄をチェックし、「スーパーライト」「メンソール」などの細かいところまで正確に、携帯のアドレス帳の備考欄にメモしました。

そして、それらをすべて買って、お店の自分のロッカーにズラッと用意しておきました。

だれかが来店するとわかったら、その人のタバコをポーチにしのばせて席につきます。

そして、タバコが空になるタイミングを、長いときは何か月もひたすら待ち、なくなったらすかさず新しいものを「はい」と差し出すと「え！　すごい！」とおどろかれました。

誕生日、ボトルの銘柄、好きな食べものや趣味なども、アドレス帳の備考欄に書いておき、誕生日は食事をごちそうして、好みに合わせたささやかなプレゼントも渡しました。

相手の「いつもの」をチェックして、用意しておいてあげると、けっして「自己満足の、迷惑なサプライズ」にはなりません。

あなたの好きな彼には、「いつもの」ジュース、ビール、ガムなど、自分で買っているものはありませんか？　健康のことを考えると、タバコを用意するのは賛否があるかもしれませんが、たとえば、あなたの家で飲むときなどに、「好きなビールは○○だよね？」という「確認」は省略して、スッと「いつもの」ビールを出すと、**「すごく気がきくなあ」「オレに関心を持ってくれているのかな」**と感激されるでしょう。

さっそく次に会うときから、彼の「いつもの」を、チェックしてみてくださいね！

すぐに渡すチャンスはなくても、話題にもできますし、なにかと役に立ちますよ。

☑ 細部への目配りは必ずどこかで役に立つ

18

「ドン引きされる天然」と「かわいい天然」

テレビなどを見ても、天然キャラは人気がありますよね。

だけど、**人を不快にしたり、迷惑をかける天然は「ドン引きされる天然」**です。

私は小さい頃から、ずっとこれでした。空気が読めず、ズレていて、みんながテレビの話で盛り上がっているのに、突然国語の授業の話をしたりして、空気を凍らせていました。

また、遅刻をしたり、失礼なことを言うなど、天然というより、ただの迷惑な人でした。

そんな私ですが、18歳で初めてキャバクラでバイトをしたとき、雑誌で読んだ「男は女の上に立ち、教えたい生き物」という恋愛記事を実地で試してみよう、と思い立ったのです。

相手は若いサラリーマンのお客さんでした。話に「韓国の首都」という言葉が出てきたので、私は思い切って「韓国の首都って……台湾？」と言ってみました。

するとと、彼は大笑いしながら「アホでしょ⁉　韓国の首都はソ・ウ・ル！」と教えてくれ、さらに「じゃあ、アメリカの首都は？」と聞いたので、私は「アメリカ？　わかった。ニューヨーク！」と、さらにボケたりして、ますます盛り上がったのでした。

フフフ、じつは私は中学のときに、世界百数十カ国の名前と首都名をすべて暗記していたのです。おそらく、その店内で私よりくわしい人はいなかったでしょう。

だけどバカのふりをしてみたら、相手は喜ぶ喜ぶ。「ああ、天然キャラって、簡単に喜んでもらえるから楽だなあ」と学習し、「天然」は私の生存のためのスキルになりました。

クラブでも、おバカ発言やホールケーキの一気食いなど、天然キャラ（むしろ芸人？）で、ナンバーワンに気に入られて「面白い子がいる」と席に呼んでもらったりしました。

もともと私は「場の空気」や「楽しさ」より、「正しさ」をふりかざすタイプで、ウソが大嫌い。だから最初は、バカのふりをすることに、相手をだましている罪悪感を覚えました。

だけど、男性にツッコミを入れさせてあげるのは「サービス」です！

「かわいい天然」とは「人を楽しませ、笑顔にさせる天然」のこと。

ちょっと抜けている「かわいい天然」は、男性からかわいがられ、すぐに仲よくなれます。

計算で「かわいい天然」をするなら、**相手が困惑したり疲れを感じるほど、ズレていたらダメ。ちゃんと空気が読めて、常識をわかっている必要がある**のですよ。

☑ かわいい天然は常識が前提

19 「小さな言葉」を拾えば、「圧倒的な聞き上手」に

10年以上前、私は同僚ホステスの代わりに、急きょ合コンに参加したことがありました。合コン前に女性だけでお茶をしたのですが、私にとっては全員初対面だったので「○○さんに頼まれてきました」など、簡単に自己紹介をしました。会話をしているうちに私はある女性に対して、なんとなく「どこか他の人とはちがうな」と感じました。

注意してみると、みんなは私の自己紹介に対して「うんうん」「へえ、そうなんですねー」という反応だったのですが、その女性だけ、さりげなく「銀座かー」「あー、○○さん」とか答えてくれているのです。私は気づくと、彼女のほうばかり見て話していました。

それから、私が「あっ、携帯忘れた！　……と思ったら、あった」と、小さくひとりごとを言いました。みんな少し笑うか無反応だったのですが、彼女だけニッコリして「あってよかったですね」と、いちいち拾ってくれるのです。

私は当然、返事なんて期待していなかったので、「こんな小さなひとりごとまで拾ってくれるなんて……」と感動しました。そして「私にはこれがなかった！」と気づいたのです。

数千人と話した私が断言します。ふつうの聞き上手は、ここまで言葉を拾いません。バレーボールのリベロは四方八方から現れてはボールを拾い、けっして床にボールを落としません。同じように彼女は**どんなにささいな言葉も拾う「会話の名リベロ」**だったのです。

じつは、外見や雰囲気では、彼女は一番目立たない女性でした。しかし、あとから同僚に聞いたところ、なんと伝説と言われるほどモテる女性で、パーティや飲み会など引く手あまた。いい男からよくプロポーズされているのだそうです。

よくよく考えれば、彼女のしたことは「人の話を聞くときは、相手の言葉をそのまま返す」という有名なテクニック。しかし、だれも彼女のように実践できていないのです。

「なるほど」「そうですか」だけではなく、相手の話したキーワードを口にする。これだけで、こんなに「興味を持って聞いてもらっている感」が出るなんて！

世界中の人が、聞いているふりをして、じつは相手の話を適当に聞き流しています。だからこそ、こんな、なにげないことで「圧倒的な聞き上手」になれるのです。

気のきいた言葉なんていりません。ただ相手の「小さな言葉」を拾ってあげましょう。

☑ どんな言葉も拾える「名リベロ」になろう

20 一度で旧知の仲になれる秘訣

「神は細部に宿る」といいますが、男をあやつる人を観察していくと、小さなちがいが圧倒的な差を生み出している、ということを、私は何度も思い知らされました。

クラブ時代、ママのお客さんの枝（※お客さんが連れてきたお客さん。売上はママのもの）で、私を気に入り、よく同伴出勤してくれていた人がいました。そこである日、ママがその人に一度あいさつをしたいということで、三人で食事に行きました。

食事中、お客さんが、自分の仕事に関するどうでもいい話を一人で話していましたが、私は、その場はママにまかせて食べることに集中し、話も聞き流していました。

そしてその1週間後、彼がいつものようにふらっと来店したときのこと。

「先日はごちそうさまでした」と、あいさつにきたママが「で、あの翌朝の商談、うまくいきました？　英語の書類は読み終わったんですか？」と身を乗り出して聞くのです。

本当におどろきました。だって、ママには何百組というお客さんがいるだろうに、ほぼ初対面だった彼の話を、まるで昨日のことのように覚えているのですから。しかも、彼は突然来店したというのに、サラッとその話が出てくるなんて……。正直いって、私はそんな話はすっかり忘れていましたし、そもそも話の内容すら、よく把握していませんでした。

ママの話の振りかたは、まるで同僚や友人のように自然で、彼は「それがさー、聞いてよ、書類がどうでこうで……」と嬉しそうに話しはじめます。

じつはそのママは、お客さんに「地味」とか「団地妻」とあだ名をつけられていた私以上に、華がない人でした。しかしそのとき、彼女がママになった理由を見た気がしたのです。

人は「大きい話」は覚えています。そして「自分に興味のある話」も覚えています。

しかし、**ママは「相手の興味のある話」しかも「ささいな話」を覚えている**のです。

いいえ、**他人にとってはささいな話でも、本人にとっては重要**なのですね。

私は彼の経歴や年商、最寄り駅などは覚えていました。あなたも人と話すとき、仕事や趣味、経歴など、大きなくくりで相手の話を聞いているかもしれません。もちろん、それは大前提ですが、そのうえで相手のささいな話を覚えていて、スッと話題にしてみてください。

その「ささいな話」が、あなたをその人にとって「特別な存在」にしてくれるものですよ。

☑ 重要かどうかを決めるのは、あなたではない

21 「一緒にいるのがあたりまえ」になれる質問

当然ですが、ホステスやキャバ嬢は、簡単にお客さんにカラダを開きはしません。馬の鼻面のニンジンのように、カラダをエサにして、できるかぎり引っ張るのですね。

ところが、お客さんとしてキャバ嬢を口説いて、何十人と関係を持ったという男性がいるのです。その人から「キャバ嬢があっという間に心を開き、股も開いてくれる質問」を教えてもらいました。そして、それをさっそく男性に試したところ、たしかに短時間で心を開いてもらえ、仲よくなれたのです。

それはいったいどんな質問かというと……**「子供時代についての質問」**です。

聞いたときは「え？　それだけ？」と拍子抜けしたのですが、よく考えてみれば納得です。

そもそも、自分の子供時代の話を他人にすることは、めったにありません。

それに、子供時代の話をするときに人は、子供のころにさかのぼって、当時の気持ちや思い出をイメージしています。話している人にとっては、その話を聞いている相手も、一緒にタイムマシンに乗って、その時代を体験しているような錯覚におちいりやすいのです。

すると、**実際には初対面でも、まるで子供のころから知っている人のような感覚を持ってもらえる**のです。そして、そんな話をした相手は貴重で、連絡先を教えたり、また会うことが当然のような感覚になりやすいのですよ。

ただし、いきなり「あなたは、どんな子供だった？」と聞いても、おどろかれたり、警戒されたりするかもしれません。私が使っていた方法は、**相手の「自分をこう見せたい」という自己イメージを見つけ、「子供のころ、こういう子だったでしょ？」と聞く**こと。

たとえば、彼の見た目や、話すエピソードが「ワイルドで悪い俺アピール」だと感じたら、「子供のころ、やんちゃだったでしょ？」と聞きます。すると、「そうだったかも」や「それが人見知りでさー」など、答えがイエスでもノーでもノリノリで話してくれるのです。

さらにコツは、**子供のころの話に出てくる人やお店の名前などを具体的に聞いて、自分もその名前を使って話す**こと。「スズキ先生がそう言ったの？」とか「ヤマダ商店の駄菓子ね」とかですね。話しているほうからすると、この「二人でタイムスリップ感」はすごいですよ。

子供のころの話は、心の扉を開ける魔法のカギです。ぜひ試してみてください。

✓ タイムスリップ感で距離は縮まる

22 男の大好物、「相談女」に学ぶ

恋愛についてネットで調べると、「相談女」という言葉をときどき見かけます。彼氏や夫が、相談してきた女性と親しくなったり、浮気することが多いというのですね。

いやぁ、このアプローチの手法は本当によくできたシステムで、「男をあやつる女」は、呼吸するようにこの方法を使っています。

まず、**男性は問題を解決したい生物**なので、女性から「相談したいことがあるんです」と言われた時点で、「俺の能力を証明するチャンス！」と、テンションが上がります。

そして**「こんなこと、○○さんにしか話せません」**と言われ、「ほかのだれよりも頼りになり、信用できると思われていた！　わかってるじゃん！」と、舞い上がるのです。

しかも、「相談」という用件があるので、ふつうの誘いよりも乗りやすくなります。かりに彼に彼女がいたとしても「困っている、かわいそうな女性を助けているだけ」という大義名分があるのです。さらに、**経過報告として、継続的、かつマメに連絡を取りあうのが自然な関係になれる**ところも、本当〜によくできた仕組みなのです。

「相談女」からの相談は、異性がらみのものが多いことも特徴です。相談に乗ることで、彼は自然と「女としての彼女」と向き合うことになるわけですね。「彼氏と別れようか迷っている」「片思いしている」「変な男につきまとわれている」、どの内容でも、彼女は人間というよりも「女」なのです。これは仕事や家族の相談にはないメリットですね。

また、異性がらみということは、相談された彼にとっては、自分との比較対象である同性の存在があるということ。こうなるとオスの本能が刺激され、**「彼女に、そんな男よりも俺のほうをいいと思わせたら勝ちだ！」**と、彼の中で「謎の勝負」がはじまりやすいのです。

さらに、男性にとって自分を頼ってくる女性は、とてもかわいい存在で、彼の自己イメージは「悪者からお姫様を守るヒーロー」となり、非常に気分がよくなります。そして「こんなにか弱い、いい子が、変な男のせいで困っている。俺ならそんな思いはさせない！　この子には俺がいないとダメだ、俺が守る！」と盛り上がってしまうというわけです。

なんでもいいので、あなたも彼に相談してみましょう。彼を「あなたを助けるヒーロー」にして「助ける＝勝ち」という図式をつくれば、一気に距離が縮まるでしょう。

✓ 相談は男のヒーロー願望に火をつける

23
彼の「ピンチ」は、あなたにとって最大の「チャンス」

好きな人の心をガッチリつかむには、彼が弱っているときが大チャンス。

普段は強気で人に頼らない彼も、弱っているときには警戒心が薄くなり、心に侵入しやすくなるものです。彼のピンチは**「自分はなにがあっても、あなたの味方」**ということを伝え、あなたは彼の天使である、と知ってもらうための、最高の舞台なのです。

私は昔から、好きな人の心が弱ったり、折れたりするのを見逃さないよう、つねにアンテナを張って、「どんとこい！　そうなれば私の見せ場だ！」と待ちかまえていました。

昔、気になる男性と初デートでドライブに行った帰り道、いなかの人通りのない場所で、車が故障して止まってしまったことがありました。

私は「よしきた！　チャンスだ！」と気合が入り、彼に「二人は一心同体だ」と感じてもらうことだけを心がけました。そして「こんなことになっちゃって、ゴメンね」と謝る彼に「ちょっとワクワクする」「長く一緒にいられて、かえって嬉しい」と楽しそうにしていると、数日後に「あれで本当に好きになった」と告白されたのです。

ピンチに動じず、はげましてくれる女性は天使であり、強力な「ヨメ候補」になります。

病気で弱っているときに、そばにいてくれた女性と結婚した男性の話は多いですよね。

一番よくないのは「何時までかかるの？　私、明日早いのに」などと、自分の都合でイライラついたり怒ったりすること。長期的に一緒にいられない相手だと判断されてしまいます。

ただし彼が、遠慮ではなく本当にそっとしておいてほしいのに、押しかけたり、彼を気づかう内容であってもメールを出したりするのは、気を使わせたり疲れさせたりしてしまうため逆効果。彼があなたの助けを求めているかどうかの判断には、慎重になりましょう。

では、彼が順風満帆でノリノリのときは、仲よくなれないのでしょうか？

そんなことはありません。たしかにノリノリのときは自信があるので、「天使」の助けがほしい気持ちは薄れるかもしれません。しかし、彼の心は楽観的で「みんなカモーン！」とオープンでおおらかになっているため、気軽に話したり、会ったりしやすいのです。

だから、彼の調子がいい時期に仲よくなり、彼がどん底のときによりそい、救いの手を差し伸べる天使になる、という作戦がおすすめですよ。

☑ **「あなたの問題は、私の問題」と感じさせよう**

24 彼のネガティブ発言には「五つのメッセージ」を伝える

男性が弱い部分を見せるのは、吐き出さずにはいられないほど余裕がない場合か、彼の心に入ってきてほしいという場合です。

彼のネガティブ発言には**「あなたは正しい」「あなたの味方」「あなたはすごい」「あなたは特別」「あなたは大丈夫」**という五つのメッセージを一貫して伝えることです。

まずは「名リベロ」に徹して、ひたすら話を聞きましょう。

内容に関係なく、**話を聞くときは、足のひざをそろえて相手に向ける**ように、私は心がけています。そうすれば上半身が相手のほうに向いて「真剣に、集中して聞いていますよ」ということが伝わるのです。

五つのメッセージを相手に伝えるセリフの例をご紹介します。

〈弱音…自分の力や未来への不安〉

「自信がない」→「向上心があるからこそ、自分に満足できないんだね」

「自分はダメだ」→「大丈夫。私がいるから」「ダメな人は、自分をダメと思わないんだよ」

「苦しくて、もうがんばれない」→「逆に、そこまでがんばれたっていうことに尊敬する」

「この収入で将来大丈夫かな」→「私、あなたが将来困ってるイメージが全然わかないよ」

〈愚痴…周囲の人や状況に対する不満や文句〉

「いつも残業させられて疲れる」→「仕事は、できる人のところに集まっちゃうよね」

「部下が使えない」→「優秀な人から見ると、ほとんどの人が使えないから大変だよね」

「こんな仕事やりたくないのに」→「やりたくないのに、そんなにできるなんて、すごい」

「話がわかってもらえない」→「こんなにわかりやすいのにー？　聞く気がないのかな？」

これらはほんの一例ですが「ああ言えばこう言う」の感覚が伝わったでしょうか？

伝えるべきメッセージは決まっているので、とにかく、こじつければいいのです。

彼の「ピンチ」は最大の「チャンス」。逃す手はありませんよ。

☑ 弱音や愚痴は絶好のチャンス

25 ときには、美しく身を引いて

私は基本的にバカ正直タイプなので、今でも本当は「建前」や「社交辞令」が苦手です。

だから以前は、お客さんを「お店にきて！」と何度でもこられるだけこさせて、お金を使わせられるだけ使わせるという、「自己中丸出し」の「ゴリ押し営業」でした。

でも、当然ですが、それでは行きづまり感があったのですよね……。

そんなとき「男をあやつる女たち」を見ていて、自分との大きなちがいに気づきました。

それは、ときどき「お金使いすぎだよ。もう帰りな」「飲みすぎ。これ以上飲んじゃダメ」など、**自分のことをさしおいて、相手のことだけを考えているようにふるまう**ことです。

それまで私は「相手が本当に私の助言にしたがっちゃったら、売上げが下がるから困る！」と思って、できませんでしたが、「やり手女」たちがみんなやっているので「エイヤッ！」と思い切って試してみたのです。すると、仕事がうまく回る、回る。

男性は、「このボトル、高いよ！　大丈夫？」などと言われても、かえって男気を見せたい「あまのじゃく精神」が出て「じゃあ安いのにしようかな」とは、めったになりません。

また、かりに目先の売上げは下がっても、長い目で見れば、私を「なんて優しい女性だろう」と思い、ますます信用して通ってくれるのです。

男性には「利用されてる」「タカられてる」とは、けっして思わせてはいけません。ゴリ押しでタカってくる女性は、長期的に一緒にいられるパートナーだとはみなされないのです。

あなたも、「疲れてるんだね。今日は会わなくていいから休みなよ」「私との約束はいいから、実家に帰ってあげて」「そんなにお金をかけてくれなくてもいいよ」など、「こんな心のきれいな子がいたなんて！」と感動させることを、たまに言ってみてください。

私が学んだコツは、相手のことだけを考えているフリをするときは、**「そうなっちゃってもいいや！」と覚悟して、開き直る**ということ。

そのようにできるのは、もしも一時的には損だと思えても、**長い目で見たら「こんな子はいない」と思ってもらえ、得られるもののほうが大きい**とわかっているからです。

あなたも、「明日彼に会えないのはイヤだ」などと思うかもしれません。だけど、長い目で見れば、男性がずっと一緒にいたいと思うのは「無欲な天使」のほうなのですよ。

☑ 無欲のフリで大きなリターンを

26 一生心に残る「無条件に、すべて受容」

この世の中にあるのは、ほとんどが「あなたが○○でいるかぎりは受け入れます。だけど●●なら受け入れません」という条件つきの受容です。

たとえば「勉強をするあなたは受け入れる、問題を起こすあなたは受け入れない」とか「私に一途なあなたは好き、浮気をするあなたは好きじゃない」などですね。

それがあたりまえだからこそ、「彼女は、自分をけっして否定しないで、受け入れてくれている」とあなたに対して感じた男性は、経験したことのない安心感を覚えます。

そして、しだいに素の自分や、不安や悩みといった、なかなか人には見せられない部分も見せてくれるようになるのです。

相手に「無条件の受容」を感じさせるための基本ロジックは、ネガティブ発言への五つのメッセージとも共通しますが、**「あなたは正しい」「自分はなにがあっても、あなたの味方」「あなたの素晴らしさは、けっして損なわれない」「あなたがなにをしても、自分はあなたのよさをわかっている」**という結論に持っていくことです。

「相手がなにを言っても、しても、これらの結論に持っていくことだけは動かない」ということを心に決めていてください。そうすればあなたは、彼にとって、心がきれいで、自分のすべてを受け入れてくれる「天使」になれるでしょう。

私は若いころ、精神状態がどん底で「自分なんて消えたほうがいい」と思いつめていた時期がありました。そんなとき、ずっと変わらず私の味方で「あなたには人にはない才能がある。あなたは人の心に残る人だ」と応援しつづけてくれた友人がいました。

しかし自分が大嫌いな私は、彼女と電話で話したときに「悪いけど、こんなダメな私をいいというあなたも、ダメなんだと思ってしまう」と言いました。すると彼女はケラケラ笑いながら**「あなたをいいと思う人がダメなら、私はダメな人でいいよ」**と答えたのです。

この言葉を、私は一生忘れないでしょう。

人は「自分が相手にとって価値があれば、チヤホヤしてくれる」と、条件つきの受容をあたりまえだと感じています。だからこそ、家族でもないのに「そのままの自分に価値がある」と感じさせてくれる人は、本当に稀有で、特別な存在になるのですよ。

☑ 条件を押しつけない唯一の人だと感じさせよう

中級編

彼の「面白かわいい子」になる

「退屈させない」「スルーされない」
“プチ予想外”の威力

1 ハマるのは、ただの「いい子」より「面白かわいい子」

男性が、同性の友達や知り合いに「お気に入りの女性」を見せびらかすとき、どんなふうに紹介するか、知っていますか？　私が10代のころから、友達との集まり、パーティや飲み会、キャバクラやクラブの仕事などで何度も聞いたのは、この言葉です。

「この子、面白いんだよ」「この子、面白いでしょ」

ここでいう「面白い」というのは、「お笑い芸人みたいに笑いをとる」という意味ではなく、**「ちょっと意外性があって、かしこくて、ほかの子とちがう」**という、特有の意味であり、多くの場合、男性は彼女をかなり気に入っていて、すでに好きなのです。

「天使＋面白い」＝「面白かわいい」。これが多くの男性にとって理想の女性像です。

この章では「面白かわいい」をつくるロジックと、行うべき「作業」をお伝えします。

まず知っておくべきことは「面白い子」は「ピュアないい子」と正反対だということです。

- 従順すぎる　↕　**気まぐれで、言いなりにはならない**

・気を使いすぎる　↕　**自分が好きなようにふるまう、したいことをする**
・つくしすぎる　↕　**自分の人生を大事にする**
・争いを避ける　↕　**ケンカや議論をふっかけてくる、ムキになる**
・正直すぎる　↕　**言っていることが、どこまで本音かわからない**
・優等生すぎる　↕　**ユーモアのセンスがある、ちょっと毒のある言動がある**
・距離をとりすぎる　↕　**甘えてくる、ふところに飛び込んでくる**
・弱気すぎる　↕　**気が強い、生意気、高飛車なところがある**
・すべてを見せすぎる　↕　**いつまでも全容がつかめない**
・流されてしまう　↕　**彼女が主導権を握っている**

お刺身にたとえると「面白い」はわさびです。
わさびによって、お刺身がぐんとおいしくなりますが、わさびだけでは食べませんね。
あくまでも「面白い」はスパイス。「天使」という土台があってこそ生きるのです。

☑ 「面白い」を足せばさらに理想の女性に

2 「プチ予想外」であなたのペースに持ちこむ

私はクラブ時代、貼りだされた成績が上のほうでも、同伴賞で表彰されても、ほかのオーラ美女たちのように「きれい」「かっこいい」「美しい」などと言われることはなく、同僚からもスタッフからも「努力の人」と言われていました。

そんな華も色気もない私は、**「どうやったら、この人の印象に残るだろう？」「どうしたら、この人は面白いと思ってくれるだろう？」「なにをしたら、この人はおどろくだろう？」**とつねに考えていました。

なにもかも相手の想像どおり、予想どおりでは「面白い子」ではありませんし、こちらが手綱を握るには、相手の予想をちょいちょい裏切る必要があるのです。

しかし、相手の印象に残る、おどろかせる言動は結構リスキーです。ただの予想外な行動では、相手に「非常識」「おかしい」「怖い」と思われてしまいますから。

私は、ドン引きされたり、嫌われたりなどの失敗をたくさんした結果、「予想外」ではなく「プチ予想外」がベストだとわかりました。

「プチ予想外」の基本ロジックは、**「常識」や「相手の想定」から、ちょっとはずれた言動をとる。**ただ、それだけです。これを知っていれば、「プチ予想外」を無限に生み出せます。

だから「プチ予想外」には、「常識を持っていること」が、とても大事な前提なのですね。

そして失敗のリスクをなくすコツは、**相手の想定から「いい方向」にはずす**こと。

たとえば、恋人からの電話をとったときに「もしもし」のかわりに、いきなり「愛してる」と言う。これは相手にとっては、嬉しい方向の「プチ予想外」です。自分の彼女から「愛してる」と言われて、怒る人はまずいないでしょう。以前、私が実際に恋人にやってみたら、一瞬おいたあと、すごく笑ってくれて「新しいね。ありがとう」と言われました。

「プチ予想外」な言動に対して、**相手は虚をつかれ、ペースが乱されるので、こちらのペースでことを運びやすくなる**というメリットがあります。

さらに「プチ予想外」は「男性が楽しいと思う要素」の一つである「ドキドキ」なので、男性はハマりますし、いつまでも飽きのこない「面白い女性」でいられるのです。

ぜひ「プチ予想外」を取り入れて、あなた主導の恋愛をしてくださいね。

☑ **常識からちょっと「嬉しい方向」にはずす**

3 「嬉しいサプライズ」をしよう

私はいつも**「プチ予想外」＝「嬉しいサプライズ」**ができないかなーと考えていました。

たとえば、学生時代のある夏の日のことです。

私は片思いの人と喫茶店でおしゃべりをしました。そのあと彼が私の家に寄ったとき、玄関のドアを開けた瞬間に冷風が流れ出たので、彼はおどろきました。

私が「あなたが家にきてもいいように、冷房のタイマーを1．5時間後にオンにして出かけたんだ」と言うと、彼は「豊臣秀吉みたいだな」とおホメの言葉をくれました。

また、何年か前のこと。よく高価なプレゼントをもらっていた、お金持ちの男性に誕生日プレゼントをあげるとき、悩んだ挙句、私にしかあげられないものとして、彼の優れたところや長所をレポートにして、目の前でプレゼンテーションをしたことがあります。

「面白いね。こんなことが、自分の長所とか能力だとは思いもしなかった」と言われ、印象に残ったようで、今でも、書いた私より内容を覚えてくれています。

ささやかなことですが、これらは相手の想定から「いい方向」にはずす「プチ予想外」。

ベタに、相手の誕生日を忘れているふりをして、別れ際にプレゼントを渡すなどのサプライズも、相手がおどろいて一瞬無防備になり、素の表情を見られますよね。

本人が、ホメられるとは思っていないところをホメるのも効果的です。

彼が夢中で食べているところを眺めながら「食べているところ、好き」と言う。

あるいは、私はつないでいる男性の手が汗ばんでいるのが好きで、「しっとりしてて、かわいい」と言ってしまいます。

また、難易度は高いですが、つきあっている彼が怒っているとき、そーっと近づいて、ゆっくり抱きついたり、彼の顔をしみじみと見つめながら「怒っているところも、いとおしい」などと言うと、相手の怒りの感情がそがれて、おとなしくなることがあります。

これも「嬉しいサプライズ」で、あなたが二人のペースを握ることになるのです。

もちろん、怒っている内容や彼の性格、そのときの様子にもよります。

あなたに対して怒っているときには、火に油を注ぐことになりかねないので、気をつけましょう。

✓ まさか、の場面でホメるのも効果的

4 モテ男には「あっさり」、コワモテには「なれなれしく」

「プチ予想外」の基本は単純で、「その人が『され慣れていないこと』をする」です。

たとえば東大卒の男性がいるとしましょう。彼は「頭いいですね」と100万回言われているので、そのセリフは「され慣れている」「想定内」だろう、と推測します。

そうしたら「じゃあ『頭がいい』と逆の方向から攻めよう」と考えるのです。

たとえば「意外とドジですか？」「あー、東大なんてウソでしょー」などですね。すると、それは「言われ慣れていないこと」なので「面白い子だな」と印象に残りやすいのです。

また、「頭いいですね」は距離をおかれているようで少しさみしいのですが、「アホ」と言われると、ふところに飛び込んできてくれていると感じて、嬉しい人も多いのです。

知ってもらいたいのは「ただ思ったことを言う」という発想ではアカン！　ということ。

「自分がどう思うか」は脇においておき、**「この言葉や行動は相手にとって、よくあることかな？　あまりないことかな？」と考え、「あまりない」ほうを選ぶ**のです。

以下の例を参考にしてみてください。

・高学歴…×「頭いいですね」→○「アホ」「ドジ」「頭悪い」
・イケメン、金持ち、高ステータス…×舞い上がる、媚びる→○あっさり、イジる
・モテない、女性に縁がない…×平然、そっけない→○ベタボメ、チヤホヤ、媚びる
・怖そうな人…×遠慮がち、慎重、おずおず→○なれなれしい、かわいがる
・エラい人…×丁寧、緊張、持ちあげる→○フレンドリー、勝手に愛称をつける

この表の×の例は、なにも考えず反射的に反応しています。こんな人が多い中、○の接しかたは、相手にとって「され慣れていない」ので、「プチ予想外」で嬉しいのです。

だからといって、怖そうな人になれなれしくしたり、エラい人にフレンドリーに接するのは、かなりハードルが高いですよね。

でも、少なくとも「怖そうな人やエラい人には、怒らせないように控えめに丁重にしないと」という思い込みがはずれるだけで、あなたの雰囲気がまったく変わるはずですよ。

☑ **「ただ思ったことを言う」をやめてみる**

5 ドキッとさせる「ギャップ」は意図的につくれる！

男性の心をつかむギャップは、簡単に、そして意図的につくれます。

ギャップとは「第一の印象」→「第二の印象」という二段階で成り立っているものです。

「惚れるギャップ」とは、遊んでいそうな子が、じつは奥手で真面目だった、などの「悪い」→「よい」です。「第一の印象」が悪かった分「第二の印象」がすごくよく思えます。

その逆に「幻滅するギャップ」とは「よい」→「悪い」です。たとえば、家庭的に見える子が、じつは料理が全然できず、部屋も汚い、などですね。

彼が現在あなたに持っている印象を「第一の印象」とすると、「第二の印象」として、どんな面を出せばいいのかを、戦略的に考えましょう。たとえば、「お高い女」と思われていることを逆手にとり、「吉牛に行きたい」と庶民的な部分を見せるというように。

また逆に、あなたが彼の心に刻みつけたい「第二の印象」を際立たせるための「第一の印象」を逆算するのです。たとえば、あなたが「料理上手」を印象づけたいなら、普段はあえて料理なんて縁がないように見せておく、といったように。

〈ギャップの例〉第一の印象　→　第二の印象

- **しっかり、お姉さんキャラ　→　弱気になって頼ってくる、ドジ、天然**
- **やさしくて控えめ　→　大胆、毅然、頼りになる、バシッと意見を言う**
- **楽天的で悩みがなさそう　→　真剣な表情で、仕事やスポーツに打ち込んでいる**
- **おっとりしている　→　スポーツ万能、テキパキと指示する**

ただし、「インターハイ出場」「英検一級」などの「客観的な事実」でないかぎり、「本当の私はこうじゃないの」といった自己申告は、あまり効果がありません。ギャップは、彼が自分で見て、感じてこそ、ハッとして惚れてしまうものだからです。

また、**男性は外見のギャップにとても弱い**です。普段カジュアルな服装の女性がドレスアップしたり、いつも髪をまとめている女性がたまに下ろしていたりすると、ドキッとします。

ここぞというときの切り札として、覚えておいてくださいね。

☑ **逆転するには、今から「第二の印象」を与えよう**

6 10回に1回は反論する

男性は、なんでも「うんうん」と受け入れてくれる女性を「いい子」だとは思っても、けっして「面白い子」だとは思いません。「面白い子」は、もっと自分をぶつけてくるのです。

具体的には「10回に1回くらい反論する」という作業で、「面白い」はつくれます。

もしもあなたが反論に慣れていないなら、まずは、まったく害がない話題への反論からはじめてみましょう。

たとえば「目玉焼きにソース？　ぜったいケチャップだって！」とか「群馬より栃木のほうが都会ですー」とか、笑って話せる話題についての反論です。

すべて受容してホメるだけでは、凪の状態が100年つづいているようなもの。「わかる、やっぱりソースだよね」「うん、群馬のほうが都会だね」といつも同意するよりも、**ときには「害のない反論」を入れることで、会話に波風が立ち、ワクワクするものになる**のです。

男性によって反論を好む、好まないがあるので、頻度は反応を見ながら調整しましょう。

また、一見害がない話題のようでも、相手が好きなものの場合は、心にモヤモヤを残してしまったり、微妙に険悪になってしまうことがあるので、慎重さも忘れないでくださいね。

たとえば「犬VSネコ」「巨人VS阪神」といった話題は、人によっては自分を投影しているほど好きなものなので、冗談っぽい反論でも不快にさせてしまう危険性があります。

やはり「そばVSうどん」（相手がそば屋、うどん屋の場合を除く）など、食べ物ネタは、人を選ばないうえに、険悪になる危険がほとんどないので、練習にはおすすめです。しかも**「ふん。そんなにおいしいなら、食べに連れてってよ。判定してあげるから」**など、デートにもつなげやすいのです。

また、男性が最高に嬉しい反論を、コッソリご紹介します。

相手が「でも俺、口下手だし……」「モテないから……」「カッコ悪いし……」などと**自分を否定するようなことを言ったときは、「あーあ、ほんとに自分のよさ、わかってないですね」「なに言っちゃってるの？　かっこいいいじゃん！」などと10回中10回反論しましょう。**

「学歴」「年収」など、数字やランクについてのネガティブ発言には、計測できない「才能」や「可能性」のような素晴らしさにおいて一番だ、と反論するといいですよ。

☑ 害のない反論で楽しい波風を立てる

7 あなたは「もらいたがり女子」になっていませんか？

あなたは好きな人に、以下のようなことを言ったことはありませんか？

①自分との時間が楽しいかどうかを確認する

（例）「今日、迷惑じゃなかった？」「私といて楽しめてる？」「私、邪魔じゃない？」

一見、気を使っているようですが、彼の立場に立つと「迷惑じゃないよ」「楽しいよ」「邪魔じゃないよ」と返事をするしかなく、「言わされている」と感じる可能性があります。

②自分に対して否定的、自虐的なことを言う

（例）「私、かわいくないし」「私、デブだから」「私、どうせおばさんだしね」

もし「そうだね、かわいくないね」「たしかにデブだね」「おばさんだよね」と言われたらと想像してみて、ショックを受けると思うならば、相手に否定してもらいたがっています。

③ 自分の印象を聞く

（例）「私、いくつに見える？」「私って子供っぽく見えるかな？」

言われたほうからすると「なんといえば正解なのだろう……」「気分をよくしてあげなきゃいけないのかな」と気を使い、めんどうで疲れます。

これらは、彼から「安心」「自信」「いい気分」をもらいたくて、ついつい出てしまう言葉。「もらいたがり女子」は、欲求に負けて、「楽しませてもらう側」に回ってしまうのです。

しかし、あなたがこういった「もらいたがりワード」を口にしていると、彼は「楽しませる側」に回らなければならず、気を使って疲れてしまうでしょう。

「もらいたがりワード」を減らすには「今、私、もらいたがったな」と自覚すること。そうすれば、だんだん「今もらおうとしてる」と気づいて、言う前に止められるようになります。

あなたが「恋の手綱」を握るためには、逆に、彼に「安心」「自信」「いい気分」をあげ、「楽しませる側」になりましょう。

☑ 自分がほしいものを彼にあげよう

8 脈ナシの相手に会うなんて、カンタン!

あなたに好きな人がいて、会いたい。だけど脈ナシで、ぜったいに向こうからは連絡がこない。こんな場合、連絡がとれる関係なら、会いに行っちゃえば? と思います。

好きな人に会うということを、「二人で会う」「待ち合わせ」「約束」「デート」などと、大きく、むずかしく考えている人が多いように感じます。

私はもっと簡単に考えていました。

たとえば「今日、○○駅まで行ったら一緒に帰れます?」「このあと一人でお食事ですか? じゃあご一緒していいですか?」という感じで、彼の行動に乗っかってしまうのです。

こんな、「そっちに行きますよー」「ひまつぶし相手になりますよー」「合流しちゃっていいですか?」くらいのノリなら、彼の抵抗感や負担が少なく、OKの確率は高いです。

以前、20代のイケメンにインタビューをしたときに、「休みの日にわざわざ会うのは気に入った子だけだけど、会社帰りなら、基本的にだれとでも飲みに行く」と言っていました。

「わざわざ会うほどではないけど、ついでだったり、向こうからきてくれる分にはかまわな

い」というゾーンにいる人って、結構多いものです。

私は昔から恋愛にかぎらず、会いたい人には、こうして会いに行ってしまいます。

脈がないのは知ったうえですし、「つきあいたい」とか言う気もありません。

もちろん、好かれたいし、つきあいたいですよ。

でも、全然会えないよりも、会えたほうが嬉しくはありませんか？

「迷惑」「重い」となるのは、気がない相手から「私のこと、どう思いますか？」「つきあえますか？」などと好意を要求されるからです。**「会いたいから、きちゃいました」「楽しかった。きてよかった！」と要求なく喜んでいれば、重くなんてない**のです。

ただし、ストーカーにならないために、断られたらあっさり引き下がりましょう。

もし相手が受け入れてくれたら、ちょこちょこ会いに行っても大丈夫です。

「相手を楽しませるゲーム」できたえた成果を発揮すると、思わぬ進展があることも⁉

会えたからといって、好きになってもらえるとはかぎりませんが、会わずにモヤモヤしているなら、会ってしまったほうが納得して次に進むこともできるのですよ。

☑ ハードルを設定しているのはあなた自身

9 みつがせる技術 〜「はじめの一歩」編

みつがせることについて68ｐで準備編としてご紹介しましたが、つぎは最初の一歩目を具体的にどう踏み出したらいいのかをお話ししましょう。

みつがせてもらうには、まず男性に「あなたに、ものを買ってあげることは楽しい」ということを学習させ、**「買ってあげる＝彼の勝ち」**という仕組みをつくることからはじめます。

物事には段階があります。最初は１００円程度のものを買ってもらうことからスタートしましょう。たとえばペットボトル飲料、ガム、アイスなどですね。これらのものは、買ってもらうハードルは低いでしょう。

しかし、最初のこの「ゼロを１００円にすること」が、すべてのはじまりなのです！

１００円で「買ってあげる快感」を学習してもらい、しっかりとした土台ができれば、１０００円、１００００円、と金額が上がっていくところは、わりとスムーズだからです。

たとえば二人でコンビニに行ったときに、ガムを手に持ち、微笑んで彼の目を見つめながら、「私、仕事がんばったから、これもカゴに入れていい？」などと聞きます。すると、おそらく95％の人は「いいよ、入れなよ」と言い、買ってくれるはずです。

そして店を出たら、「○○くんに買ってもらったガム、嬉しい！　食べないでお守りにする！」「枕元においておく！」「大事にする！」などと言うのです。すると相手はたいてい「いやいや、食べなよ。そのくらいまた買うから」と苦笑しながら言うでしょう。

この**「食べなよ、また買うから」の言葉を彼が自主的に吐いたことが、超重要です！**「食べなよ」「でもー……なくなっちゃうし」という押し問答をするとなおよいですね。

彼が進んで買いたがり、いやがるあなたを押し切れれば勝ち、という図式をつくるのです。

あなたは100円のガムを買ってもらい、10000円分くらいの喜び方を提供しました。つまり彼は得をしたのです。100円で大きな「自己イメージ」を得られたのですから。

彼があなたの喜ぶ顔をイメージして、「喜んでくれるだろうなあ」「喜ばせてあげたいなあ」と思う。その想像以上にあなたは喜ぶ。

こうして、彼があなたに買うのはふつうのことだし、嬉しいこと、という「買ってもらえる仕組み」ができていくわけです。

☑ **いかに得を感じさせるかが、みつがせるコツ**

10 入店2週間でナンバーワンを超えた裏ワザ

私があるお店に入ったのは、誕生日の2週間前でした。

ホステスにとって、誕生日は一年で一番お客さんを呼べる日。それなのに私は、仕事のブランクがあったため、呼べるお客さんがゼロでした。

私は2週間でお客さんを呼ぼうと、接客したお客さん全員に「○日が誕生日なんです」と言いました。しかし、ほとんどの人に「あ、おめでとう。でもその日はちょっと……」と言われてしまうことに。私は「初対面だし、そりゃそうだ」と思い「では、お花を送ってください！」と言ってみました。すると、ほぼ全員が「いいよ！」と言ってくれたのです。

そして誕生日の当日。ママも女の子も「花屋みたい！」とおどろくほどのお花が送られてきて、あとからナンバーワンに「すごいね。どうやったの？」とこっそり聞かれました。

この経験から、私は学んだのです。

お客さんにしてみると、お店にくるのは面倒だし大金がかかる。でも私の誕生日をむげに断ることにも罪悪感がある。そこにお花という「小さいお願い」がきた。「数千円で罪悪感が払拭できる！」と、その「小さいお願い」に飛びつき、喜んでお花を送ったのだ、と。

これは日常でも使えます。たとえば彼氏に「うちの大掃除手伝って！」と頼み、渋られたら「じゃあ、バスタブの掃除だけ手伝って」と言えば、「おっ、それだけいいの？　ラッキー」と思って、手伝ってくれる確率が上がるでしょう。しかし最初から「バスタブの掃除を手伝って」と言われていたら、「やりたくないなあ」と渋るかもしれないのです。

また、「誕生日プレゼント、なにがほしい？」と聞かれて、最初に20万円のバッグだと答えます。「は？　高すぎる。無理」と言われるのは予定どおり。そのあとに本命の５万円のバッグをリクエストしてみると、本当は５万円でも高いはずなのに、彼は**「そんなに安くていいのか。よし、値切った俺の勝ち！」と錯覚して、買ってもらいやすくなる**のですね。

花も、バスタブの掃除も、５万円のバッグも、なにと比較するかによって大きくも小さくも感じられます。**大きく感じさせるも、小さく感じさせるも、けっこう自由自在**なのです。

あなたも恋愛だけでなく、家でも仕事でも、この方法を使ってみてください。意外に、最初のお願いでＯＫが出ることもあり「言ってみるものだなあ」と実感できるものですよ。

✓ 話す順番を変えるだけで、あやつれる

11

怒られそうなときは「大きく謝る」

あなたは、男性を怒らせてしまうような失敗をしでかしたこと、ありますか？

たとえば、ライブに行く約束をしていたのに、目が覚めたらスタート10分前だった、預かっていた大事な書類にシミをつけてしまった、さんざんやめると約束をしていたのに、また飲みすぎて記憶をなくしていた、などなど、失敗に気づいて背筋が凍るような経験です。

そんなときに、相手の怒りを最小限におさえる、とっておきのコツがあります。

たとえば、寝坊してライブに間に合わないという場合。

チケットはあなたが持っていたため、彼も入場できませんでした。楽しみにしていた彼は「なにやってんだよ！」「あ～あ！」と、あなたを怒鳴りつけたくてイライラしているかもしれません。あなたは、生きた心地がしないまま、大急ぎで彼のいる場所に向かいました。

さて、ここからのあなたの態度が重要です。

彼の怒りを最小限におさえるコツ、それは**相手の怒りを、その何倍もの大きさの謝罪と反省の態度で先制して、封じる**ことです。

たとえば、彼からあなたの姿が見えそうな場所にきたらダッシュをして、息を切らせて「一秒をも惜しんで急いだ感」を出します。そして、「本当に申し訳ない！　ごめんなさい、ごめんなさい……」と土下座をせんばかりの勢いで謝る、という先制攻撃をしかけます。

そして、幽霊のような顔で「あなたに迷惑ばかりかけて、つきあう資格ないよね……」と自分を責め、半泣きになり、うつ状態になるくらいの反省の様子を見せるのです。

すると、あら不思議。なぜか「自分を責めるなよ」「そういうこともあるよ」と、彼がなぐさめる側に回ることも。怒ろうとして待ちかまえていたはずなのに、**先にここまで謝って、自分を責めて、反省しているあなたの様子に、怒りが吸収されてしまう**のです。

彼の怒りが100だとしたら、謝る程度は、かならず100よりも大きくなければなりません。100より小さいなんて、もってのほか。最悪なのは、怒られるのが怖いあまりに、「私にチケットをあずければいいんだよ！」など逆ギレすることですね。

相手が100の怒りなら、怒られる前に200とか300の「大きな謝罪」をしましょう。

ただし、いつもだと愛想をつかされます。大きな失敗はしないに越したことはありません。

☑ **負けるが勝ち**

12 正門ではなく、守りが手薄な裏門を狙う

いつからか私は、人の心には、守りが固い「正門」と、守りが薄い「裏門」があると感じるようになりました。**裏門とは「思わず相手に心を開いてしまいやすい部分」**のことです。

「仕事の話を聞かせてください」と言われても反応がなかった人が、「このバンド、私も好きなんですよ」と言われたとたんにパッと明るくなり、好きな曲について夢中で語ってしまう、ということがあります。この場合、この人の裏門は、好きなバンドのことだったのです。

昔から私は、人と出会うと、「この人の裏門はどこかな……」と探っていました。

裏門からアクセスすると、会った回数や時間に関係なく、最短距離で相手の深い部分にアクセスでき、親しい関係になりやすいのです。

ホステス時代に、「あのお客さん、なにも話してくれない」とみんなが困っていた男性は、私が筋トレの話をふってみると、筋肉を自慢しながら、熱心に解説してくれました。

とても無口なお客さんは、F1の話をふったとたんに「F1がわかる女性がいるなんて！」と感激し、それからお店に通ってくれるようになりました。

「好きなもの」や「趣味」の話だけでなく、「プライベートの悩み」もまた裏門です。

踊るクラブで出会った気取ったモデルの男性は、私が恋愛の話をしたとたんに、別れたばかりの彼女の話をはじめ、未練タラタラの姿をさらけ出してしまいました。

もしも、「かっこいいですね」などと正門から近づいていたら、彼は気取ったままで距離は縮まらなかったかもしれません。恋愛は彼にとって目下の悩みであり、裏門だったのです。

また、あなたは男性から「いやし系でかわいいですね」と言われても全然嬉しくないかもしれませんが、もし「毒舌で変わっていますよね」と言われたら「わかってくれてる！」と感じ、心を開いてしまうかもしれません。この場合、あなたにとって「いやし系でかわいい」は「正門」で、「毒舌で変わっている」は「裏門」というわけです。

「素の自分」、あるいは「こうありたい、こう見られたい自分」も裏門なのです。人は「本当の自分をわかってくれた！」と思うと、思わず心を開いてしまうのですね。

本当はだれもが、裏門をノックしてくれる人を待っています。だから、裏門を見つけるのがうまくなれば、スッと相手の心に入り込み、仲よくなれるのです。

☑ 人は素の自分を出したがっている

13 裏門を見つける三つの方法① 観察

相手の裏門を見つけるために、私が経験から学んだ三つの方法をお伝えしましょう。

なんといっても大事なのは、観察です。まずは、**相手の服装、持ちものなどを観察し、仕事、好きなもの、興味のあるもの、趣味などのヒントを探します。**

前ページで挙げた、筋トレの男性の場合は、半袖からのぞく腕のしなやかな筋肉がふつうとはちがう気がして、「きたえているんですか？」と質問したら、ビンゴでした。

「あのお客さんは話してくれない」と言っていた女の子たちも、彼の腕は目に入っていたはずです。でも、観察はしていないのです。だから、少し意識してみるだけで、相手にとって「こんな人がいたなんて！」という稀有な存在になれる確率が、非常に上がります。

また、ファッションやアクセサリーからは、スポーツ系、ヒップホップ系、高級路線など、相手の「こうありたい・こう見せたい自分のイメージ」がわかります。人によっては、職業や肩書きをホメるよりも「洗練されていてオシャレですね」「アクティブで男らしいですね」などと言うほうが「自分をわかってくれてる！」と心を開くこともあるのです。

洋服のロゴや持ちものから、具体的に好きなスポーツチームやアーティスト名などがわかることもあります。たとえば、私の持っているヤクルトスワローズの携帯電話を見て「ヤクルトが好きなんですか？」と聞いてくれる人がいると、仕事の場であってもスイッチが入り、「そうなんです、好きなんです！」と鼻息が荒くなってしまいます。

相手が本や雑誌を持っていれば、仕事や興味、マイブーム、人生観などの手がかりになりやすく、相手がどういう人間かを判断し、話題をチョイスする際の大きな助けになります。

そして、なによりも大事なのは、**相手の表情や声色、しぐさなどから、相手の気持ちやテンションを読みとる**ことです。今楽しいのか、この話題について話したいのか、触れてほしくないのかなどを察しながら会話の舵とりをすると、裏門にたどりつきやすくなります。

相手がこちらに話を合わせてくれているときは、楽しそうにしていても、表情や声色に、抑制や気づかいが感じられます。しかし、**話に本当に夢中になると、表情や話しかたが熱を帯び、こちらを気づかう余裕がなくなり、思わず話をさえぎったり、言葉をかぶせたりしてしまう**ことがあります。そういった変化を見ながら、裏門を探っていくのです。

☑「目に入っている」と「観察」は別物

14 裏門を見つける三つの方法② 質問

相手の裏門を見つける二つ目の方法は質問です。

まず最初は、確実な共通点である「今日ここにきたきっかけ」を聞けば、そこから共通の知りあいや、裏門につながる話が見つかるかもしれません。

しかし、相手のツボが、観察と、「ここにきたきっかけは？」という質問だけで見つけられるとはかぎりません。私は、**あらゆる方向から話題のボールを投げる**よう心がけています。

特に相手が無口で、なにを考えているのかわからないときは、いろいろな切り口から広く浅く聞いていくと、突然、源泉を掘り当てたように、裏門に直撃することがあります。

先に挙げたＦ１の話もそれです。たまたま私が昔、Ｆ１が好きだったことも幸いしました。

相手が男性なら、男性に多い趣味、たとえば**球技、格闘技、ゲーム、車、バイク、カメラ、株、釣り**などについては、ある程度知っておくに越したことはないでしょう。

相手が食いついたり、饒舌になる話題はそのままつづけ、反応がなければ変えます。相手の反応を見るポイントは「感情」。相手の感情が動かない話を延々とつづけてはいけません。

たとえば、一般に住所についての質問で感情は動きづらいので、基本情報の収集や話のきっかけくらいに思っておきましょう。ただし、住んでいる場所にこだわりがあったり、自慢だという人もいますので、表情や口調を観察して、感情の動きをとらえましょう。

また、人は心がモヤモヤしているとき、わざわざ自分からは言いたくないけれど、向こうから聞いてくれないかなあ、と思っていることがあります。そんなときに、話したいことを話せるような質問をしてもらえると、つい嬉しくなって、語ってしまうのです。

たとえば、家族や友達でもない相手に、突然「じつは昨日、ペットが死んでしまったんです」と話すことは、なかなかできません。でも、相手が「なにかペットって飼っています?」などと水を向けてくれたら「それが……」と話し出せますよね。

このように、どこに裏門があるのかわからないからこそ、さまざまな角度から軽くボールを投げてみることが重要なのです。

このとき矢継ぎ早な印象にならないよう、「名リベロ」になって相手の言葉を拾ってあげると、相手は心地よく話してくれるでしょう。

☑ 話したいことを話す「きっかけ」をつくってあげる

15 裏門を見つける三つ目の方法③ 自己開示

相手の裏門を見つける三つ目の方法は自己開示です。

インタビュアーのようにQ&A形式で一方的に質問をすると、相手が圧迫感を覚えたり、「探られている」「詮索されている」と居心地が悪く感じることがあります。

そこで私は**「自己開示＋質問」**という技を編み出しました。

たとえば「今日は友だちに誘われてきたんです。○○さんはお一人ですか?」とか「私、砂肝大好き! ○○さんは焼き鳥ではなにが一番好きですか?」などです。

このように自己開示とセットにするだけで、質問の圧迫感はかなり軽減します。

自己開示は、私への興味がまったくない相手に、私がよくしていたアプローチ方法です。

相手の守りが固かったり、なにを好きなのか、なにを考えているのかがわからないとき、私は自分の失敗談や明るい愚痴、好きなものの話をしてしまいました。

こちらが先に心を開いて、「聞いてくださいよー」と自分をさらけ出して見せることで、相手も安心して心を開いてくれることは、よくあるのです。

前に挙げた、気取っていたモデルには、失恋について愚痴ってみせたら、ビンゴでした。

この自己開示は、**「誰かに聞いてほしい」から話すのではなく、相手の裏門を見つけるためにしている**ところがポイントですね。

だから、話しながらも、話すことに夢中になることはなく、相手の目の輝きや笑いかたなどで、その話を面白いと思っているかどうかを探っています。そして、その話に食いついたら、どんどん話しつづけ、まったく手ごたえがなければ話題を変えるのです。

話しかけるのをあきらめずに、自分をオープンにして楽しませようと話をしてくる、というだけで、無口だったり無反応な人は、「あれ？　他の人とはちがうな」と感じるようです。

そして、その結果「面白いね」と言われ、関係がつながることもあります。

また、私の経験上、**無口な人は一度心を開くと、それが裏門であることが多い**です。

人は、自己イメージが傷つくことを恐れているので、なかなか自分をさらけ出せないもの。

だからこそ、相手が先に自分を見せてくれると、安心して自分を見せられるのですね。

あなたも、心を開いてもらいたい人には、先に自分を見せてしまいましょう。

☑ **自分を見せれば意外な反応があることも**

16 あえて自慢する

自慢ばかりする人は嫌われます。なぜなら、自慢は「自己イメージ」を大きくしたくて、することだからです。聞かされた人は、自分の「自己イメージ」を圧迫されるような不快感を覚えるのですね。自慢のようなブログが炎上するのも、そのためです。

しかし、彼の「自己イメージ」を大きくしてあげる一つの手段として、私はあえて「自慢」をすることがあります。

たとえば、「聞いて聞いて、昨日作ったコロッケ、超おいしくできたの～！」「今日会社でほめられちゃった。すごい？」「この髪型、みんな似合うっていってくれるんだ」のように、**子供が親に一生懸命わかってもらおうとするような自慢をすると、彼は「自分に心を開いてくれている」「甘えてくれている」と感じる**のです。

あなたも、さっそく試してみてください。

彼の「自己イメージ」がおびやかされる、彼に対抗するような内容ではなく、彼が暖かく、余裕をもって聞けるような内容にするのがポイント。**自分があなたよりも大きい庇護者《ひごしゃ》であ**

り、あなたよりも上の立場である、と感じさせてあげるのです。

「ピュアないい子」は控えめで遠慮がちなので、男性に「距離が遠い」「甘えてくれない」と思わせてしまいます。しかし、たまには、こんなふうにして甘えてみましょう。

自分の傷ついた「自己イメージ」をとりもどすためだったり、「自己イメージ」を大きくするための自慢の場合、彼が聞いてくれないときに、傷ついたり、頭にきたりします。

しかし、あえてする自慢は彼の「自己イメージ」を大きくしてあげるサービスなので、彼が上の空でも、「え？　君をかわいいって言った人、目が悪いんじゃない？」などとからかわれても、余裕を持っていられます。

そして、「ちゃんと聞いてよー」「もう。私のことなんて、どうでもいいんでしょ」と、じゃれたり甘えたりすることもでき、二度おいしいのです。

しかし、中には「庇護者の立場になること＝『自己イメージ』が大きくなる」というわけではない男性もいます。そういうタイプの人には、あなたが庇護者になってあげるほうが、うまくいくこともあるでしょう。

✓ 自分が甘えたい男もいるので見きわめよう

17 一瞬で「恋愛ムード」をつくる会話のコツ

私が昔、キャバクラである席についたときのこと。売れっ子と一人のお客さんが、顔を近づけてクスクス笑いながら紙に落書きをして、二人だけの世界に没入していました。

私は「彼女のお馴染み客なんだな」と思い、邪魔をしないように、おとなしく水割りをつくっていました。

しかし、あとから聞いたところ、なんとそのお客さんは初めての来店で、彼女とも初対面だったのです。私は「なに、この魔法……！」とぶったまげました。

私はそのときまで、初対面の人とは、まずお互いに自己紹介のような会話をして、おおまかなことを知ってから仲よくなるものだ、と思っていたのです。

そこで、私はその日からしばらく、仕事でもプライベートでも、あえて「相手に個人情報を聞かない」という縛りをつくって、「情報に頼らない会話力」をきたえてみたのでした。

やってみてわかったのは、「情報をもとにした会話」と「情報に頼らない会話」では、役割が全然ちがうということ。

仕事や住所などを聞いて共通点を見つけ、話をふくらませるという会話は、お互いの概要を知るという重要な役割があります。しかし、これは「頭の会話」であり、ともすれば「アンケート調査」や、お互いの情報の「つきあわせ」のようになりがちなのです。

一方、**情報に頼らない会話では、「今、ここ」の感覚や感情を共有して「一体感」を得ることができます。**たとえば、初対面でも「テスト、緊張しませんか？」「店員さん、まだきませんねー」などその場の感想や感情を言いあうことで、**「相手の心の体温」のようなものが感じられ、二人は感覚的に近くなる**のです。

「落書きしながら、顔を近づけてクスクス」もそう。お互いのことなんてなにも知らなくても、近づいて一緒のことをして、お互いの「存在の体温」を感じ、ただ楽しんでいるのです。

仕事とちがい、男女の関係というのは、理屈ではなく本能的、感覚的なものです。趣味が同じでも、共通点があっても、ドキドキして「また会いたい」となるとはかぎりません。

「頭の会話」で共通点を見つけて話題にするよりも、「今、ここ」の感覚や感情を共有するほうが、素早く恋愛ムードをつくることができるのですよ。

☑ **「頭の会話」よりも「今、ここ」の感覚や感情を共有する**

18 答えたくない質問には答えなくてもいい

「恋愛の手綱を渡さない」ために、「答えたくない質問には答えず、しかも空気を悪くしない」というスキルは、かならず身につけておきましょう。

「ピュアないい子」は真面目なので、質問されると「答えないと……!」と思ってしまい、答えなくてもいい質問にもバカ正直に答えたり、あるいは黙りこんでしまったり、ムッとして気まずい空気になったりしがちなのですね。私も基本的には、真面目で融通がきかないので「適当にあしらうスキル」を体得するまでは、そういう経験をたくさんしました。

まずは「答えなくてもいい質問」の区別がつけられるようになりましょう。

あなたが「からかい半分」「バカにしている」「困らせようとしている」「自分勝手」「無神経」「興味本位」と感じ、モヤモヤしたり不快になる質問は、相手にする必要はありません。

「まともに答えなくてもいい」と知るだけで心に余裕ができて落ち着いていられるはずです。

たとえば、ニヤニヤしながら下ネタ系の質問をしてきたり、「今まで何人とつきあったの?」「不倫したことある?」「彼氏とはなんで別れたの?」など、もしも、あなたにとって答えにくい質問、答えたくない質問をされたら、適当にあしらいましょう。
「適当にあしらう」とは、以下の言葉を適当にローテさせて、笑顔で返す作業です。
なにかを言っているようで、なにも言っていないところがポイントなのです。

- **「なんでそんなこと聞くの？」**…にっこりしながら質問返し
- **「なんでだろうね」「どうだろ？　わかんないや」**…「わからない」も万能です
- **「どうだったっけ？　覚えてないな」「忘れちゃった」**…忘れたものは仕方ないのです
- **「ちょっと考えさせて」「また今度ね」**…迷ったら先延ばしにします
- **「ちょっとーやめてよー」「もー、いいじゃん」**…笑顔で拒否します

オールマイティな「なんで」は、ここでも大活躍ですね。

しかし、ウソはNGです！　あとから辻褄を合わせるのが面倒ですし、なによりも「信用できない女」というオーラが出ます。ウソをつかないための「あしらいスキル」なのですよ。

☑ 適当に流すけれどウソはつかない

19 彼をヒーローにすれば、プレゼントも手助けもGET！

何度も書きますが、私には「男性が肉体関係を持っていない女性に、長期にわたって金、モノ、時間、労力を費やす」ということが、本当に魔法としか思えませんでした。

しかし、そのタネ明かしをしていくうちに、「男をころがす原理」がわかってきたのです。

男性が肉体関係を持っていない女性にハマり、つくす典型パターンをご紹介しましょう。

まず、二人が出会って、仕事や趣味、住所などのよくある会話をする中で、女性は、「歌手になる、留学するといった夢がある」もしくは「家族が病気や借金をかかえている、などで不幸である」の、どちらか、あるいは両方の状況で、がんばっていることを伝えます。

キーワードは「夢」と「不幸」ですね。

彼女は苦労をしている設定でなければなりません。しかし**それは、けっして彼女から言うのではなく、男性が無理に聞き出すという手順を踏んで「勝ち取った」情報**なのです。

彼女はたった一人で、つらい思いをしてがんばっている。でも、明るく「ほかの人には言えない。あなたに話せて楽になった」とほほえみます。

彼が「俺が助けるよ」と言っても、「気持ちだけもらっておくね、ありがとう」とつつしみ深く答える彼女は、純粋な天使にしか見えず、ますます助けたくなります。

そして、最終的には**彼のほうから「何かさせてくれよ。頼むから助けさせてくれ」とお願いするようにもっていく**のです。

彼にとっては**「助けること」＝「勝ち」という図式**になっているのですね。

私たち女性にはバカだとしか思えませんが、男性がロマンチストだというのは、こういう部分です。**「けなげな天使を助ける、強くて優しいヒーロー」という自己イメージを持たせてあげれば、男性はどんどん助けてくれます。**

金品や彼女のカラダよりも大事なのは、ほこらしく嬉しい「自己イメージ」なのです。

あなたは男性をヒーローにしていますか？　「あなたを助ける＝彼の勝ち」という図式にしていますか？　「頼んでも、してくれない」と悩んでいる女性がたくさんいますが、それは男性にとって「言いなりになった＝負け」になっているから。「あなたを助ける＝彼の勝ち」という図式になっていれば、彼はあなたに、いろんなことをしてくれるでしょう。

☑ **男のロマンをくすぐろう**

上級編

彼を「ふりまわす女」になる

望みどおりの毎日がやってくる
“教育”のしかた

1 「かわいい天使」、でも「ナメられない」コツ

「ＡＮＮＡさんの言うように、男性のすべてを受容すると、相手が調子に乗りそうで怖いんです」と、よく言われます。

いいえ、調子に乗りません！「かわいい天使」と「ナメられない」は両立します。

「相手をすべて受容する」ということは、相手の言いなりになり、要求をすべて飲むということではありません。自分ができないこと、したくないことは、しないのです。

むしろ、「したくないことはしない」と決めているからこそ、安心して受容できるのですね。

基本路線は、彼の存在をすべて受容する天使のまま。だけど、彼を上手に教育するのです。

「教育」とは、あなたの扱い方やルールを彼に教えてあげることです。

たとえば、あなたが寝ようとしていたら、彼が酔って電話をかけてきた。疲れているし、翌朝も早い。そんなとき「彼が私と話したいなら、受け入れてあげないと」と、毎回ムリをしてつきあう必要はありません。そういうときにいつもムリをすると、彼は無邪気に「気が向いたときに、どんな時間にでも電話していいんだ」と学習します。

これでは、彼は好き放題にしていて、あなたはムリをして彼に合わせています。「男をあやつる」どころか、「恋の手綱」を彼に渡してしまって、ふりまわされているのです。

「ナメられない」ためには、たとえば「23時以降は、翌日にそなえて睡眠を確保しますよ」など、あなたの人生を大切にするルールを、彼に伝える必要があります。

もし彼が23時以降に用もなく電話してきたら、「朝6時起きなんだ」「23時以降はメールにして」などと伝え、それでも話をつづけるようなら「じゃあ寝るね。つづきは夢でね。おやすみ☆」などと切り上げましょう。そして次からは、深夜の電話には出なくていいのです。

これは、**「あなたも大事だけど、自分も大事なの」**というメッセージです。

彼は**「彼女には彼女の都合がある」「彼女は自分自身を大事にしている」と学習し、あなたをいい加減に扱わなくなる**でしょう。

断ったときに、もし彼が「じゃあ、ほかの女のところに行っちゃおうかな」「俺は別れてもいいんだけど」など幼稚なおどしをしてきても、そんな手にだけはけっして乗ってはいけません。彼は「おどせば言いなりになる」と調子に乗って、それこそナメられますよ。

☑ **自分を犠牲にすることが「受容」ではない**

2 彼はあなたをナメている？　三つの判断基準

「彼があなたにナメた態度をとったら、はねつけましょう」と話したとき、ある女性から「ナメられているのか、ふつうのことなのかを、自分で判断できません。具体的に示してください」と言われました。

そこで、私が男性との関係で基準としていることを3点、以下に示してみます。

①「してもらったこと」と「してあげたこと」のバランス

二人の間の「労力」「コスト」のバランスを、つねに意識していましょう。彼が何か頼んできたときに、普段あなたが「してもらっていること」のほうが多いなら、ナメられてなんていません。しかし、いつもあなたが「してあげる」ばかりなら、断ってもいいのです。

②彼の中での「自分の位置づけ」

「好きな子に使う10万円は全然惜しくない」という男性がいます。一方、愛している女性にも、500円すら使う習慣や発想がない男性もいます。はたして、「プレゼントが1000円だった！　ナメられてる！」と、この二人を同じ基準で判断できるのでしょうか？

もしかしたら彼は、ただ恋愛に慣れていないとか、本気の相手であろうとコストや労力をかけない人なのかもしれません。

「彼は『過去の彼女』や『他の女性』に、どのくらいのコストや労力をかけている人なのか」を知れば、あなたをナメているのか、それとも彼の中では本気なのか、判断ができます。

③無神経や無礼は許さない

ある男性が恋人に、よく「変な顔だなあ」「足太いね」などと、からかっていたそうです。いつもは笑って流していた彼女が、ある日「どうして、いつも私をいじめるの？」と悲しそうに言ったところ、彼はハッとして、それから二度と言わなくなったのだそうです。

女性をからかったり、失礼なことを言う男性がときどきいますが、彼に悪気がなくてもナメられています。無神経や無礼に対しては「悲しい」「不快だ」と示し、教育しましょう。

> ☑ **相手が無邪気でも自分が傷ついたならきちんと伝える**

3 「あまのじゃく精神」をくすぐって動かす

もしもあなたが、彼から「今、どうせ暇でしょ？　隣の部屋からスマホとってきて」と言われたら、本当に暇だとしても「忙しいから無理！」と言いたくなりませんか？

逆に、「忙しいところゴメン。今、手が離せないんだ。隣の部屋からスマホをとってきてもらえないかな？　でも無理だったらいいよ」と言われたとしたら、「いいよいいよ、暇だもん」と、進んでとりに行きたくなりませんか？

- **「暇なんだから、とってこい」**↓　**とってきたくない**
- **「忙しいよね、無理ならいいよ」**↓　**とりに行きたい**

そう、私たちは「あまのじゃく」なのです。どうしてあまのじゃくなのかというと、**「言いなりになる＝負け」**であり、**「自分で決めて動きたい」**からです。

この場合の本当の問題は「スマホをとりに行かれるか、行かれないか」ではなく、「言いなりになるかどうか」「自分で決めて動けるかどうか」ということだけなのですね。

だから「今なにもしていないだろ」「自分で行けばいいでしょ」のような議論をしてはダメ。それはお互いが「負けたくない」と争っているだけですから。

彼を思いどおりに動かしたいならば、彼に「自分で決めて動いた」と思わせ、勝った気にさせてあげればいいのです。

初級編でも「あまのじゃく精神」について少し触れましたが、もしほしいなら、「悪いからいいよ」と言えば、彼は「あげるよ！」と言いたくなり、やってほしいなら、「無理だよね……？」と言えば、彼は「できるよ！」と言いたくなる、ということは多いのです。

そのときに「え？　ほんとなの？」とびっくりして見せると、彼は「男に二言はない！」と言いたくなり、ほこらしい気持ちになります。

こう言うと「調子に乗られるのがくやしい」という女性も多いのですが、**調子に乗せて、勝ったと思わせて、あなたの手のひらでコロコロ転がしましょう。**

男性も勝たせてもらっていると内心では気づいて、感謝していることも多いのですよ。

☑ 本当の勝ちはピリピリムードの中にはない

4 彼の理解者になってあやつる方法

あなたには、こんな経験はありませんか？

正直な人を見て、あなたは「話しやすい人だな」と思っても、Aさんは「ずうずうしくて嫌い」と言う。いつもノーメイクの女性を見て、Aさんは「自然体でいいね」と言うけれど、あなたは「もっと身だしなみを気にすればいいのに」とイライラする。

このような評価のちがいが起こるのは、人にはそれぞれの価値観があるからです。

右の例なら、Aさんには「話すときは控えめにするべき」という価値観があり、あなたには「女たるもの美しくあるべき」という価値観があるのですね。

価値観とは、その人の裏門です。

彼の価値観を把握できれば、「彼はあの人を認めそうだな」「彼はあの人をバカにしそうだな」などと予測できるようになるので、あいづちも的確になり、「わかってくれている」「価値観が合う」「理解者だ」と思ってもらえる可能性が激的にアップするのです。

彼の価値観を知るためには、彼が「他人を評する発言」に注目しましょう。

もしも彼がよく「あの人には金がある」「この人は稼いでない」などと言うなら、「人の価値は、お金で決まる」と思っていて、「ダサい」「おしゃれ」「センスがいい」などとよく言うなら、「人の価値は、おしゃれやセンスで決まる」と思っている可能性が高いでしょう。

だから、あなたがもし彼を「おしゃれだね」とホメたとしても、彼が「お金を稼ぐことが人間の価値だ」と思っているなら、それほど嬉しくないかもしれません。

なによりも重要なのが、**彼は自分の価値観で、自分自身のことも評価している、**ということです。**人は自分の価値観に縛られている**のです。

彼が「お金を持っているかどうか」で人を評価するなら、自己イメージはお金の有無や稼ぐ能力に左右され、お金のない自分が許せませんし、収入や貯金を自慢に思うでしょう。

彼が「おしゃれかどうか」で人を評価するなら、自己イメージは、おしゃれに関する自己評価や他人の評価に左右され、イケていない自分を許せませんし、街頭でスナップ写真を撮られたことが自慢になるでしょう。

彼をあやつるには、彼の軸となっている価値観を使うのが効果的なのです。

✓ 「こだわり」がわかれば自己イメージをあやつれる

5 あなたの「貴重さ」を再認識してもらう

あなたが、たまたま実家にあった湯のみを使っているとします。

ある日専門家がそれを見て「すごく貴重な品です。10万円はくだりませんね」と言ったとしたら、いかがですか？　嬉しいのではないでしょうか？　なにも考えずに使っていた湯のみに対する見方が変わって、今までよりも「大事にしよう」と感じるでしょう。

このように、**そのもの自体は、なにひとつ変わっていないのに、他人からの評価によって、感じかたが変わってしまう**ことがあるのですね。

二人だけの世界も素敵ですが、**男性は女性より「客観的な価値」に弱い**ので、たまには彼が客観的にあなたを見ることで「価値がある人だ。もっと大事にしよう」と感じてくれたら、彼も嬉しいし、あなたも嬉しいですよね。

しかし、その効果を狙って、「他の男の影をちらつかせましょう」のようなテクニックが紹介されていますが、「嫉妬させようとしているのがミエミエ」と感じて、反感を抱く男性は多いです。ヘタをすると、品のない尻軽女のような印象を与えてしまいかねません。

だから、そういった失敗のないように、スマートに、品よく行うのです。

たとえば、嘘ではなく「ナンパされちゃった」とか「告白されちゃった」のように報告し、「だから、大事にしてくれないと、よそに行っちゃうよ」という脅しの方向ではなく、「でも、あなたがいるから、どうでもいいんだけどね」とか「あなたのほうが1000億倍いいよ」のように彼を持ち上げます。

すると、湯のみと同じで、彼は「他の人がほしがるような女性なんだ」と嬉しくなり、「そんな女性から惚れられている俺」と自己イメージが大きくなります。

彼が「彼女は俺のことが大好きでしかたがない」と、あなたの気持ちにあぐらをかいていたとしても、そのように伏線を張っておくことで、**あなたに冷たくしたあと、「もっと優しい他の男に取られたらどうしよう」と感じて、反省する可能性が高まる**のです。

あなたがナンパや告白をされない場合でも、趣味やサークルなど、あなたが評価され、活躍している場所で一緒に活動をするのもおすすめです。

他の人の中で輝いているあなたを見て、彼が惚れなおすことは大いにあるのです。

✓ ミエミエなかけひきは避けよう

6 彼を望みどおりに変えてしまう、会話テクニック

いくら好きな彼氏でも、「こんなところがイヤだな」とか「こうなってくれたらな」という部分はありませんか？

たとえば連絡をくれない、口が悪い、ケチ、二人のイベントに興味がない、などですね。

以前、「男をあやつる達人」である友人から、彼に「ここを直して」とか「こうしてほしい」と言わなくても、彼が自然に変わってくれる方法を聞いたのでご紹介します。

たとえば、あなたは彼に対して「もっと連絡がほしい」と思っているとします。

そうしたら、彼にまず「○○ちゃんの彼って1日に1回も連絡をくれないんだって。だからさびしいって言ってたよ。私もそれはいやだなー」のように言います。

こうして「私は連絡が少なくて、さびしい思いをすることはイヤだ」という本音を伝えるのですが、**「あなたのこういうところを直してほしい」と言うのではなく、他人の話として言う**のがポイント。そうすると、彼は自分への否定や攻撃だと感じずに聞けるのです。

彼はドキッとして、「でも、俺だってそうじゃん……」と言うかもしれません。

この、彼が「自分もその状態である」と認めることも、大きなポイントです。他人の話として聞くことで彼は安全圏にいられるので、「自分から進んで」認めてくれるのです。

そして最大のポイントは、その次です。

「あなたはちがうって！　昨日もメールをくれたし、私に心配かけないように気づかってくれているじゃない」のように、彼の自己申告を否定してあげるのだそうです。

もしも「あなたはちがう」というのは嘘になるので、抵抗があるというなら、「いやいや、○○ちゃんの彼は、そんなもんじゃないんだって」という言い方でもOK。

ここで、**「あなたは違う」と彼を安心させ、さらに友達の彼氏と比較して「あなたのほうがいい」と、彼の自己イメージを大きくしています。**

最後に「あなたは気づかう人間だ」と言いきり、「人を気づかう人間だ」という自己イメージを持ってもらうことで、彼は、みずからすすんで、そういう人間であろうとするのです。

こんなふうに、あらゆる仕掛けで、彼を勝たせるのですね。

要求や命令では、人は変わらないのです。

☑ 彼を変えるには自己イメージを優しく扱ってあげる

7 恋がおいしくなる「怒りかた」

二人でニコニコして、おいしいね、楽しいね、と言い合う、ひなたぼっこをしているような関係って、すごく幸せですね。

だけど、こんな「平和な恋愛」を「大恋愛」とは呼ばず、なぜか「怒る」「涙」「ケンカ」「苦悩」などの激しい要素が入ると、突然「大恋愛」になってしまうのです。

「ケンカ」や「怒り」といった激しい感情は、ピザにかけるタバスコと同じ、恋のスパイス。

これらは、ないほうがいいと思われがちですが、「興奮」の要素でもあるのですよ。

あなたも怒ることで、彼との関係に「興奮」のスパイスをふりかけてみましょう。

恋がおいしくなる「怒りかた」の基本ロジックは、**「あなたが怒る＝彼の勝ち」**。

そんなことできるの？　と思うかもしれませんが、それができるのですよ。

「あなたが好きだから会いたいのに！」「好きだから心配するんでしょ！」というように、「好きだから怒っている」というロジックに持っていけばいいのです。

すると、怒らせるほど、**「彼女を夢中にさせている俺＝勝ち」**という図式になります。

本当の感情がほとばしってしまうと、「激しすぎて怖い女性」だと思われてしまうリスクがあるので、あくまで「こんなに惚れてくれてるのか。かわいいやつだな」とデレデレさせるための「作業」として怒ってみせます。

まったく思ってもいないことを言うのではなく、「好きだから会いたい」「好きだから心配」という気持ちを、彼がドキドキして、嬉しくなるように演出するのです。

「怒る作業」で、彼に「大恋愛」を体験させてあげましょう。

ただ、「好きだから怒る」であっても、「独占欲」の場合は注意が必要です。

「あの子と話すとき、嬉しそうだよね」など、ちょっとしたヤキモチを焼かれるのは、多くの男性にとって「愛されてるな」と嬉しいものなので、「作業」として言うのは効果的です。

しかし女性は、本当に苦しくて不安なときに怒ると、トゲトゲしくなったり、口調が激しくなり、男性に「自己中心的」とか「怖い」と感じさせてしまうことが多いのです。

だから、本当に余裕がないときは、怒るよりも、「不安なの……」と、自信がなさそうに、ポツリと一言だけ言うのが効果的ですよ。

☑ **本当に怒っているときは怒らない**

8

嬉しい「プチ失礼」をする

男性にちょっと「いじわる」をして、手玉にとる女性って憧れませんか？

ひよっこホステス時代、まさにそういうプチ悪女がいました。

私はそういう感覚がまったくわからなかったので、彼女に「どうやったら男の人と仲よくなれるんですか？」と聞きました。

すると、「あなたは真面目すぎるの。それだと相手が距離を感じるのね。たとえば私は仲のいいお客さんから『タバコを買ってきて』とお金を渡されたら、そのお金で自分の分も買っちゃう。そうするとお客さんは嬉しいの」と言われました。

私はよく理解できなかったので「なんでそれが嬉しいんですか？」と聞きました。

すると「だって、お客さんのお金なのに、私の分も買うんだよ。ずうずうしいでしょ？だからこそお客さんからすると、財布を共有している『自分の彼女』って感覚になるの。お客さんの分だけ買うほうが『お客さん』って感じで距離が遠いでしょ？」とのお返事が。

私はポカーンとしてしまいましたが、「これは核心だ」と直感したので、それからは、お客さんに礼儀正しく接するだけではなく、ずうずうしくする練習をしてみました。

すると、ただ礼儀正しく接するということは、いかに簡単で手抜きなのかを実感しました。ずうずうしくするには、**相手の気持ちを察して「嬉しい失礼」をしなければいけない**のです。

ずうずうしいといっても、たとえばタバコという、相手にとって大した額ではないものだから嬉しいわけで、相手のお金で勝手に高額なものを買ったら、嬉しいどころか、ただの非常識。激怒されて当然ですね。そのあたりのさじ加減が重要です。

「プチ失礼」のコツが身についてくると、私は、気になる男性とすぐに仲よくなれるようになりました。男性は**「プチ失礼」をされると、「この子は自分のふところに飛び込んできてくれている」と感じて嬉しいし、「面白かわいい子」として印象に残る**のです。

私が「プチ失礼」の例としてよく挙げるのは、①**「ハサミ取ってきてもらっていいですか？」などと頼まれても無視して通りすぎ、戻ってきて「はいっ」と笑顔でハサミを渡す。**

②**「ちょっとトイレに行っていいですか？」と言われて、笑顔で「ダメ」と返す、**です。

相手を見て、空気を読む必要がありますが、「プチ失礼」も「慣れ」と「場数」です。

☑ 礼儀正しさだけでは距離は縮まらない

9 「旅行しよ」「かけおちしよ」で、一瞬イメージさせる

私は昔、「ツーショットダイヤル」という、見知らぬ男女が電話で会話できるサービスの「サクラ」をしていたことがあります。

勤務地は自宅、給料は1分30～40円で、長く会話をするほど収入が得られる仕組みでした。相手の年齢も職業もバラバラで、お互いの姿は見えないので、会話のみで楽しませるのです。

仕事の中で、男性が長く話したくなる、楽しい会話を追求した結果、行きついたのが「イメージさせる会話」でした。たとえば「私たちがつきあったら、ご飯をつくりに行くね」「へえ、ハンバーグ好きなんだ。私、得意だよ！」など、延々と架空の話をつづけるのです。「もしも」の話なので、なにを言ってもウソにはなりません。

これを応用してみると、プライベートでもお水の仕事でも、すごく使えたのですよ！

たとえば、初対面や、手もつないだことのない男性に、いきなり「一緒に世界一周しよ」「かけおちしよ」などと、現実離れしたことを言います。プチではない「予想外」ですね。

相手は当然ドキッとしますが、荒唐無稽すぎて、まず本気には思われません。

ポイントは、「船に乗って甲板で海を見たい」とか「スーツケースを持って、マンスリーマンションを転々としよう」など、少しでいいので、具体的に描写すること。

むずかしければ、「もし一緒に旅行するとしたら、どこに行きたい？」でもいいです。

すぐに「なーんてね。ところで昨日のドラマ見た？」などと、話を変えてかまいません。

一瞬でも彼に、あなたと旅行をしたり、かけおちしているという、ぶっとんだイメージを**「具体的にイメージ」させればいい**のです。これはつまり、彼の頭の中では、本当にあなたと旅行をしたし、かけおちをし、すごく進んだ関係になったということになります。

あとから、あなたが「うそうそ、びっくりした？」などといくら打ち消しても、**彼の頭に一度浮かんでしまったイメージは、けっして、なかったことにはできません。**

そうすると、食事に行ったり、映画を見に行くことなんて、大したことではない、という錯覚を与えられるのです。「大きいものとの比較で、小さく思える」という法則ですね。

さらに、彼は「俺のこと、気に入っているのかも」と感じて、悪い気はしません。

こんなドッキリで、彼の気になる存在になれる確率はアップするのです！

☑ **具体的にイメージさせればこっちのもの**

10 恋愛の勝負は「彼と二人きり」になったとき

仲のいい女友達であっても、彼女が男性と二人きりになったときに、どんな言動をとっているのか……本当のところは、なかなかわからないものですよね。

ホステス時代に、女王様のようにえらそうで、お客さんを鼻であしらう女性がいました。それでも彼女を目当てに、毎日何人もお客さんがくるのです。

ある日、私は同僚ホステスに「彼女、あんな接客していて、よく毎日お客さんがくるよね」と言いました。すると、なんと同僚は「私見ちゃった。あの子ね、お見送りでお客さんと二人になったとき、キスしてたよ」と言うのです。

ピュアだった私は、それを聞いて「うわあああーーー！」と衝撃を受けました。

モテる子や「男をあやつる女」が外に見せている姿や、話していることだけが、彼女だと思ってはいけません。男性と二人のときには、豹変しているかもしれないのですよ。

恥ずかしいのですが、一番わかるのが私自身のことなので、少しだけ打ち明けます。

普段の私はわりとハキハキして、男っぽい性格に見られます。

しかし、かぎられた人しか知らないことですが、好きな男性と二人になると、すごいです。いい年をして、5才児というか、赤ん坊になります。一緒にいる時間はほとんど、にゃーにゃーいいながら、ベタベタ彼に触って、ひざ枕をしてもらったり、抱きついたりしています。洋服の着替えや、布団から起こしてもらうところまで、手伝ってもらったりします。

これらは作業としてしているわけではなく、一緒にいると、くっつきたくてウズウズしてしまうのですよね。

ただし、男性によっては、あまりベタベタされたくなかったり、自分が甘えたいという人もいるようなので、かならず甘えたほうがいい、とは言いません。

とはいえ、多くの男性は**「彼女が自分の前でだけは、ほかの人に見せない姿を見せてくれている」ということが嬉しい**ものなので、あなたも「二人きりのときに甘える」というスキルを習得して、損はありません。習得していれば、使わないこともできるのですから。

髪やメイクなど、見てすぐわかる女子力も重要です。それにくわえて、「二人きりになったとき」の女子力も磨けば、鬼に金棒ですよ。

☑ **モテる理由がわからない女性ほど二人のときは豹変している**

11 「セックスは女のスタート、男のゴール」だから、あなたが決める

以前、何百人という女性と関係を持った、元スゴ腕ナンパ師と話したとき、「セックスのタイミングは女性が決めなければダメだ！」という考えが、私と見事に一致しました。

彼はもともと、男性に女性を落とす方法を教えていた人で、男性のことも女性のことも知りつくしたうえで、その結論にいたったのだそうです。

私が「タイミングは女性が決めなければいけない」と思う理由はいくつかあります。

まず、多かれ少なかれ男性は目的志向型で、ゴールまで一直線に行こうとする傾向があること。そして多くの男性にとって、恋愛におけるゴールとは「セックス」なのですね。

当然人によりますが、若い男性や、女性にあまり縁がない男性ほど、その傾向が強いです。

もちろん彼女の裸を見たい、触りたい、入れたい、出したい、という性欲が中心なのですが、それだけでなく、女性のカラダを手に入れるまでは、どこか中途半端な感覚を抱えていて、カラダを手に入れたとき、彼女のすべてを手に入れた、目的を達成したと感じ、ホッとするのです。これを征服欲が満たされた、ともいいます。

しかし、男性のペースに合わせて関係を持つことは、女性にとってリスクがあります。女性は男性の逆で、セックスした男性に愛情を感じ、執着しはじめる、簡単にいえばハマってしまう傾向にあります。セックスが、強い恋愛感情のスタートであることが多いのです。

だから、相手をよく見きわめていなかったり、精神的な結びつきがないままにセックスすると、「カラダだけだったの？」など被害者的な気持ちになることがあります。

また、男性の中には、セックスのためならなんでも言う、する、という人がいます。

女性をお姫様のように扱い、笑わせ、楽しませ、女性が「この人なら、ずっと大事にしてくれそう」と感じてセックスをしたら、彼と連絡が取れなくなったりするのです。その場合、彼女には相手への執着が発生しているため、心がとても不安定になります。

男性は早く関係を持とうと誘ってくるかもしれませんが、「断ったら嫌われる」と思わずに、あなたには心から納得して関係を持ってほしいのです。

逆に言えば、納得していれば、男性の誘いに応じてもいいですし、場合によっては、男性が誘ってくるよりも先に誘うのもアリだと思いますよ。

☑ カラダの手綱はけっして渡さない

12 カラダの誘いには、断りながら火をつける

セックスのタイミングは女性が決めたほうがいい、とはいっても、いざ好きな人に誘われると、断りづらいものですよね。そんなとき、「彼の勝ち」にするだけでなく、彼をケモノにし、無我夢中で追いかけさせる断り文句を、銀座ホステスに教えてもらいました。

それが**「本気になっちゃうから」**。

たとえば、つきあっていても、いなくても、「まだ関係を持つのは早いかな」と思っているときに、彼から「今日は一緒に泊まろう」「ホテルに行こう」などと言われたとします。

そんなとき、「そういう関係になると私、あなたに本気になっちゃうから」のあとに、「本気になる覚悟ができてからでいい？」「私が一人で本気になるのが怖いの」「重くなって、あなたに嫌われたくないもん」などの、なにか文脈に沿った断り文句をつけ加えます。

すると、そう言われた男性は、「ムハーッ！　俺とセックスすると、俺に、本気になるって!?　よし！　しよう！　本気になれよ！　俺にハマれよ！　セックスしよう！　さあ！」と、ますます火がついて、襲いかかってでもあなたを本気にさせてやりたくなります。

なんといっても、「まだ早いから……」「明日早いから……」「つきあっていないから……」など、「あなた都合」の、彼からしたら面白くもなんともない理由ではなく、**「心も体もメロメロになっちゃうから……♡」という、「男のロマン」をくすぐりまくる理由**なのです。

「今だって、本気になりそうで必死でふんばってるんだよ。だから、ごめんね」などの「勝たせる言葉」で締め、切り上げれば、彼は「断られた！」「ダメだった！」感が残りません。

ＯＫのときは「本気になっちゃうよ。いいの？」と聞くことで、「もちろん！　俺はとっくに本気だよ。つきあってください」などの告白を引き出す、強力なきっかけにもなります。

さらに、クラブ時代のママに教わったのは、**「断るときは、断定的な否定はしない」**ということ。「絶対ダメ」「一生ない」「ムリ」「ありえない」などですね。

もちろん本当にイヤな人には断定的に否定してもいいと思いますが、気になる人、好きな人には「もう少し待って」「女にはいろいろ準備が必要なの」「かわいい下着じゃないから」など、「断る」のではなく「延期」のニュアンスがいいでしょう。

断るときにさえ、彼をけっして負けさせず、勝たせる。これで手綱は握れます。

> ☑ **好きな彼には「延期」のニュアンスで**

13 ホステスが実際にやっている「気まずくならない断りかた」

あなたは上手に断ることができますか？　私は、ホステスの仕事をつきつめると「いかに上手に断るか」だと思っているのですが、断ることはかなり苦手でした。

あなたも、恋の手綱を握るために、好きな人からの誘いであっても断ったほうがいいことがあるかもしれません。たとえば、彼があまりに押せ押せで毎日会いたがるとか、体をすごく求めてくる場合などですね。

そんなときのために、売れっ子ホステスやママから教えてもらった、気まずくならない、つまり、「相手を『負け』にしない断りかた」をご紹介しましょう。

①まずは誘いにOKし、あとから「ごめん、その日は仕事が入ってた」などと断ります。それから「でも、この日なら大丈夫だよ」と、**確実に彼の都合が悪い日時を提案。**たとえば彼が会社にいるときに「今なら会えるよ」とか、彼の旅行中を指定して「ここならあいてる」など。すると、今度は彼が断ることになり「おあいこ感」が出るのです。

②**「こっちから連絡するね」**と言います。遠回しな断り文句ですが「予定がまだ見えないから」とか「いつも声をかけてもらってばかりで悪いから」などと言うと感じがよくなります。相手からの誘いがしばらくなくなるので、断る状況を減らせるメリットも。

③彼がどこかに行った話を聞いたときに**「どうして誘ってくれなかったの！」**とか**「行きたかったなー」**などと言っておきます。すると「本当は行く気があるんだ」と、前向きな印象を与えることができ、断っている印象を薄れさせる効果があるのです。

①を教えてくれたナンバーワンいわく「ふつうに生きていても、どうしても予定が変わっちゃうことってあるよね？　だから、ウソをついて相手に悪いなあ、とか思わなくていいんだよ」。とはいえ、やっぱり後ろめたい気持ちにはなりますよね……。

また、これらの方法をあまり使うと「信用できない女」という印象になります。いざというときにだけ使用しましょう。

☑ **「本当は行きたい」を表現するのがポイント**

14 自分をOFFにして「妙にしっくりくる女」になる

クラブ時代、人の心の扉を開けるコツを1つ学んだ、ある不思議な経験をお話しします。

そのお客さんは団体で来店した、初対面の人。

話しかけても、こちらをチラッと見て「ああ」「うん」と言うだけです。

私は彼の裏門を見つけようと、「観察」「質問」「自己開示」を総動員して、あらゆる方向から話しかけたのですが、無視といえるほど反応がなく、途方にくれました。

そこで思ったのです。**「ちょっと落ちつこう。あれこれ必死にやってみても無駄だった。あとは、ただひたすら透明になって、彼から伝わってくるものを感じてみよう」**と。

どうせ相手はこちらを見もしないのです。話しかけるのも彼を見るのもやめ、目をつぶって心をしずめてみました。

そうするとなぜか、頭に星空の映像が浮かんできたのでした。

これはなんだろう、と思いながら、「あの……もしかして宇宙とかお好きですか？」と聞いてみると彼は、「はあー⁉ お前、なに言ってんの？ もしかして天然？ なんで宇宙なんだよ！　お前変なやつだろ、なあ？　あははは！！！」と笑い出したのです。

しかし、この「宇宙お好きですか？」が、彼の心の扉を開けるカギでした。「じゃあ、宇宙の本は？」とねばったところ、笑いながら「読まねえよ！」と言われましたが、そこから本つながりで、好きなマンガの話になり、帰りの時間まで二人で盛り上がったのです。

最初、私は「話さなきゃ」「仕事しなきゃ」という「自分の都合」から、焦って話しかけていました。だから、いろいろな方向からアプローチをしているつもりでも、相手からするとすべて同じに感じられ、全然響かなかったのかもしれません。

結局、星空とか宇宙はどうでもよくて、**私が自分の都合から離れ、相手に意識を100％向けた意識の転換**がすごく重要なのだと思います。

それからの私は、相手の波長とか雰囲気に合わせることを心がけるようになりました。

すると「いやされる」とか「落ち着く」と言われたり、心を開いてもらえる、あるいは、人といつのまにか仲よくなっていることが、非常に増えたのです。

「自分」をＯＦＦにして「相手」を感じてみる。試してみてください。奇跡が起こるかも⁉

✓ **ただ相手を感じてみる余裕が、心のカギを開ける**

15 「あなたの言うとおり!」で、彼を言いなりにさせる

彼と意見がちがうときや、あなたの希望を伝えるとき、波風を立てるのって怖いですよね。
でも、波風を立てずに、あなたの希望をとおしてしまう、とっておきの方法があるのです。
たとえば、彼は買いものをすませたいけれど、あなたは疲れたから休みたいという場合。

あなた「疲れたから喫茶店に入りたいな」

× 彼「えー、早く店に行こうよ」「かったるいなあ」

○ あなた「**あなたの言ってたとおり、私って体力ないよねえ。**喫茶店に入りたいな」

◎ あなた「**あなたの言ってたとおり、私ってほんと『虚弱ムスメ』だよね。**喫茶店に入りたいな」

彼「OK!」「休んだほうがいいよ」

コツは、「あなたの言うとおり○○だよね」と、あなたに都合のよい「彼の発言」を引っ張ってきて、理由づけをすること。**「彼の言葉」をそのまま使う**と、より効果的です。
「あなたの言うとおり」という表現は「あなたが全面的に正しいです」という降伏を感じさ

せるので、男性は、瞬時に自己イメージが大きくなり、気分がよく、寛大になるのです。

また、あなたの希望するものを彼に選ばせるときにも、この方法は有効です。

×「私はアメリカに行きたいな。本場のディズニーにも行ってみたいし」

◎**「あなたが言ってたように、アメリカは世界の中心だと思うから、見ておきたいな」**

さらに、たとえばあなたの個人的な話を彼にする場合も、同じやりかたをします。

× あなた「私、来月で会社をやめようと思って」
彼「ふーん、そうなんだ」（自分とは関係ないので興味がない）

◎ あなた「**あなたの言うとおり、あの会社はよくなかった！** 来月でやめようと思って」
彼「**やっぱり？　次どうするの？　相談にのるよ**」（自分に関係する話になる）

このように、**彼の発言と関連させるほど「俺が決めた」「俺の問題だ」と感じる**のですよ。

☑ **あなたに都合のよい「彼の発言」を採用するだけでOK**

16

好きな人に告白させる方法

16歳のとき、私は友人の「告白させる」という発言を聞き、魔法だ！と衝撃を受けました。それから研究を重ね、タネを知ってみると、告白させることができるのは、前提としてすでに「彼は自分を好き」な状態でなければならないことがわかりました。

そして、すでに自分を好きな彼に「告白させる」ために必要なのは、彼が「告白すればOKをもらえるという確信を持つこと」と「つきあう必要があると知ること」なのです。

それでは、具体的にどうすればいいのか、お伝えしましょう。

まず、彼を好きだと確信させる言葉を散りばめましょう。**「楽しいね」「一緒にいられて嬉しい」「もっと一緒にいたいな」「早く会いたい」「幸せ」**などですね。

さらに、いつも笑顔で楽しそう、嬉しそうにはしゃぐなど、**彼と一緒にいることが嬉しくて楽しくてしかたがない、ということを態度で伝えます。**

特に軽く腕や肩を触る、腕を組むなどの**ボディタッチをされると、男性は「彼女は俺のことが好きなんだ！」と本能的に確信してしまう**という、とても大きな効果があります。

シチュエーションも重要。公園、夜景の見える静かな場所、居酒屋の個室、車の中など、**ムードがよく二人だけになれる静かな場所では、告白しやすい**でしょう。

ただし、男性によっては、告白や正式につきあうことの重要性をわかっていないこともあります。そんなときは、二人きりでいいムードになったときに**「私たちって、どんな関係なのかな？」**とか**「中途半端な関係だと不安なの」**などと切り出して、彼を誘導しましょう。

もし彼があなたを大好きで、本命だと思っていれば、「つきあってください」とか「つきあおうよ」と言ってくれるでしょう。

逆にいえば、そこまでしても「楽しいからいいじゃん」「じゃあ二人で会うのはやめようか」などと答えるようなら、残念ながら、彼はあなたとつきあう気はないといえるでしょう。

つきあえる女性の席は一つですし、つきあってしまえば、ほかの女性と体の関係を持つことは浮気になるので、男性にも覚悟が必要なのですね。

こんな場合、好きだからといって、どんどん深い関係になると、つらくなるので、私はおすすめしません。

☑ **誘導しても告白しないならそれが返事**

17 みつがせる技術　～応用編

「男性にものを買ってもらう」というとむずかしく感じますが、こう想像してみましょう。

あなたに小さな姪がいるとします。彼女はいつもテレビでジーッとアンパンマンを見ていて、アンパンマンの靴やTシャツがお気に入り。買いものに行くとアンパンマンのおもちゃを手に持ってジッと見つめていて、呼ぶと、名残り惜しそうに振り返っています。

そんな彼女を見て、あなたは「あのおもちゃを買ってあげたら、喜ぶだろうなあ。買ってあげたいなあ」と思います。案の定、買ってあげると大喜びで、寝るときも離しません。

あなたは「ああ、買ってあげてよかったな」と嬉しくなりませんか？

それです。「男性にものを買ってもらう」というのは、その気持ちを、同じ一連の流れで感じさせる作業なのです。

それには、まず、彼に「あなたがほしいもの」を教えてあげる作業が必要ですね。

あなたは買いものやネットでいつもほしいものを見て、「かわいいー」「これ好き」「ほしいなあ」などと言います。「これとこれ、どっちがいいかな？」と彼に見せて意見を聞くふりをして、具体的な商品を教えてもいいですね。

いきなり本命のものではなく、100円からスタートして、800円のストラップ、1500円の本など、相手が余裕で買える範囲のものからステップアップしていきましょう。

10000円以上の大物になってくると、何度も何度も画像を眺めたりして、「ほしいけれど迷っている」という様子を見せます。彼が「そんなにほしいなら、買えば?」と言ったら「でも……私にはもったいないから我慢する」などと、けなげな様子を見せるのです。

彼が「自分には買えるだろうか」と考えはじめたら、こっちのもの。「買ってあげるよ」と言い出したら、「え!? 悪いよ」といったん遠慮と躊躇をみせましょう。そうして、**「いよいいよ、いくらでもないし」のように彼に「大きい男」を演じさせてあげます。**

このようにして、**買ってあげた彼の「勝ち」であり、彼が嬉しくなるという状態をつくる**のです。

体の関係がない場合は、額が大きくなると、しつこく体を要求してくることがあるので、好きではない人、つきあっていない人にみつがせるのは注意したほうがいいでしょう。

☑ まずはあなたのほしいものを教えてあげる

18 彼女がいる男性を手に入れる方法

好きな人に彼女がいたって、奪ってしまえばいいじゃない。その方法をお伝えします。

① 彼女が持っていない部分をアピール

「彼女とは超ラブラブ？　うらやましいな」と、あまのじゃく精神をくすぐり「そんなことないよ」と彼女への不満や愚痴を言いやすくします。恋人への不満が1ミリもない男性などいません。恋人とは長い時間をすごす分、不満やガマン、飽きの感覚はかならず生じます。

そんな話を聞きながら彼女についてリサーチし、彼女の持っていない、あなたの魅力を彼が感じるよう、さりげなくアピールしましょう。彼には、それが「新鮮さ」に映ります。

② 彼女をかばい、悪口をけっして言わない

彼女への不満を聞いたら、「気持ちはよくわかるよ。でも彼女、悪気はないんじゃないかな」などと、彼女の味方をしましょう。彼はあなたを「天使のような人だ」と感じます。

逆に「それは、ひどいね」などと同調してしまうと、「で、でも彼女には、こんなにいいところもあって……！」と、彼女をかばいたい気持ちが湧いてくることがあるので、要注意。

③「私なら、それはしないなあ」と言う

愚痴を聞いて、「そっかー、私ならそれはないなー」などと言い、「自分なら、あなたが今いだいている不満はけっして感じさせない」ということを暗に伝えます。彼は「この人とつきあえば、なんの不満もなくて最高じゃないか！」と錯覚します。

④「あなたとつきあえているなんて、彼女は幸せだね」と言う

最後のひと押しとして、「私があなたとつきあいたいよ」ということを暗に伝えます。「俺さえ決めれば、この子とつきあえるんだ！」と感じれば、心はかなりぐらつくでしょう。

これらを実行しつつ、彼女とのケンカや別れのタイミングを虎視眈々と待ちましょう！

☑ 天使になってタイミングを待つ

19 素直な「会いたい！」「好き！」「さみしい」は、かえってミステリアス

あなたは「いいな」「好きだな」と思う人に対して、好意を伝えますか？

私は基本的に、「好き好き！」「会いたいよー」「さみしいな」と伝えてしまいます。

もちろん、関係が遠いときは、相手が驚いたり、引いたりしないように様子見をしますが、ある程度親しかったり、つきあっていたりしたら、素直に伝えます。

「好きって気持ちは、バレたらダメなんですよね？」「重くなったり、調子に乗られたりしませんか？」と言われますが、はい、素直に伝えるにも、ちゃんとコツがあるのです。

以下のような伝え方なら、相手は重くも怖くもなく、ただ嬉しいのですよ。

・ただ「いいものは、いい」ということを、見返りを求めず、勝手に伝える
・しつこくされたり、重い行動をとられないという「安全」を感じさせる
・ドロドロした「執着」「要求」を感じさせず、カラッとしている
・場合によっては、「執着してるよ！」ということさえ、明るくさわやかに伝える

- **「断るストレス」「期待する返事をしなければならないストレス」をかけない**
- **気持ちを隠している様子、不安そうな様子、反応をうかがっている様子を見せない**

上級者向けですが、これらを満たしていれば「だーい好き！」「会いたい！」と気持ちを出しても、相手は負担を感じず、ただ嬉しいのです。むしろ少し物足りなくて、**もっと執着や不安などの「重さ」を見せてもらいたくなる**ことさえ、あるほどです。

素直でカラッとした愛情表現は「余裕」を感じさせるので、「どこまで本気なんだろう」「いつかどこかに行ってしまいそう」と、かえってミステリアスに感じるものなのです。

彼の「気になる女」になるには、相手が「もうわかったよ。お腹いっぱい」と感じるまで伝えつづけるのではなく、**「もっとほしい」というところで寸止めする**のが大事なポイント。

とはいえ、好きな人には、なかなか「カラッと素直に」なんて伝えられなくて当然です。

ムリして伝えようとする必要はありません。「今なら言えそう」というときがきたら試してみてください。男性からは、とっても「ピュアないい子」に見えますよ。

☑ 腹八分目までカラッと勝手に伝える

20 彼の口から言わせる

あなたは気になる人に自分からアプローチするほうですか？

最近は女性からデートに誘ったり、告白したり、プロポーズすることも、めずらしくありません。私もハンターなので、女性主導の恋愛オッケー！と思います。

ただし、男性からあとになって「君が決めたんだろ」「別に行きたくなかった」「つきあいたいとは言っていない」「別に結婚したいわけじゃなかった」などと言われないためにも、日常の些細なことでも、なるべく彼の口から言葉をもらうことをオススメします。

特に**男性は「自分が口にしたこと」には責任を感じ、その言葉をできるだけ守ろうとする性質があります。**女性にくらべると、より自分の言葉に縛られやすいともいえるのです。

たとえば、あなたが「ディズニーシーに行きたい。近いうちに行こうよ」と言い、彼が「うん、いいよ」と言うとします。でも、これでは足りないのです。

なにごとも「うん」「いいよ」「そうだね」といった彼の受動的なあいづちで終わらせてはいけません。できるだけ彼の口から、具体的な言葉をもらうよう、誘導しましょう。

たとえば「じゃあ、いつ行こうか?」「再来週くらいかな。来週に予定がわかるから」「来週のいつごろわかりそう?」「水曜くらいかな」「で、再来週、どこに行くんだっけ」「え?　ディズニーシーじゃないの?」「うん、正解!　何に乗りたい?」「うーん、『海底2万マイル』かな」という感じに、彼の口からどんどん具体的な言葉を言ってもらいます。

そのようにして、ふわふわした約束を、具体的な「既成事実」として固めていくのです。

また、あなたが「私、今の関係のままだと不安だな」と言い、彼が「じゃあ、きちんとした形にしようか」と言ってくれたとします。

そのときに「うそ!　じゃあ、彼氏彼女になれるの?」とか「それって結婚するってこと!?」とあなたが言ってしまうのではなく、「きちんとした形、って……?」と聞きかえし、彼に「ちゃんとつきあおう」とか「結婚するってことだよ」と言ってもらうのです。

さらに、「嬉しいけど、私なんかでいいのかな……」「幸せすぎて怖い」などと自信なさげに言うことで、彼のあまのじゃく精神をくすぐり、「君じゃなきゃダメなんだよ」「大丈夫だよ。一緒に幸せになろうね」のように、「彼が説得する」という形にできれば最高です。

☑「彼が説得する」形に持ち込めたら大成功!

21 聞かれて「嬉しい、楽しい、面白い質問」を生み出す二つの習慣

以前、知人が私を人に紹介するときに「質問力がすごい人だ」と言ってくれました。

たしかに私は質問することで、興味のある人と仲よくなることが多いです。

「質問力」というと、たくさん質問すると思うかもしれませんが、そうとはかぎりません。

以下の二つのポイントさえおさえておけば、ゆっくりした、少しの質問でもいいのです。

① 断片的な情報をつなげて話を聞く

たとえば初対面の男性が「学生時代にラグビーをやってたんだ」と話したとします。

そのときに、「へー、男らしいね」などと単発の話題として終わらせるのでなく、「そう見えないけど、なぜはじめた?」「30歳の今でも当時の仲間とは親しい?」など、頭の中で彼に関する断片的な情報の「点」と「点」をつなげて「ネットワーク」にしていきます。**パズルのピースを集めて、彼という立体的な人物像を形づくっていく意識**で質問するのです。


さらに、寝る前に目をつぶっているとき、**頭の中で彼の人生を、子供時代から現在まで一**

本の線にしてつなげてみます。当然、つながらない部分が出てきますが、次に彼と話すときには見解が深まっていて、つながらなかった部分を疑問として聞けるので、相手が「オッ」と思うような深い言葉や質問が、自然と出てくるようになります。

②相手の中に入って、相手の視点でものを見る

①と同じように、寝る前に、彼になったつもりで彼の人生を体験してみます。たとえばラグビーなら、**「体験」したつもりで、彼の「内側から」想像してみる**のです。

しかし、あくまで想像なので、「彼は痛くてつらかったはず」のように決めつけてはいけません。

可能なら、ラグビーを見学したり、**実際に体験してみるのがベスト**です。

同じように、「中学生でお母さんを亡くすなんて不安だっただろう」とか「取引先の人と飲むのは疲れるのでは」など、いろいろなことについて、彼の「内側から」感じてみます。

これを行えば、表面的ではなく、深い理解と実感にもとづいた質問が出てくるのです。

☑ **あらゆる方向から彼を眺める意識で**

22 二人の「物理的な距離」について

基本的に男性は、女性からのボティタッチが嬉しいものです。しかし、とにかく体を近づけたり、触ったりすればいいかというと、そうでもないというのが私の結論です。

ここでは、男性との「物理的な距離」について、私が見つけた法則をお伝えします。

●恋愛を「早食い」するか「じっくり味わう」か

相手が好きな人であっても、あえて体に触れないことで、恋愛を前菜からフルコースでじっくり味わえます。簡単に触らないからこそ、緊張感や特別感、ありがたみがあって、そのドキドキが楽しいのです。出会ってすぐに触る、セックスするなんて、いきなりメインディッシュを食べるのと同じ。一度進めば元には戻れないので、もったいないのです。

●「セックスまでの時間」のコントロール

男性は、体を密着させてきたり、触れてくる女性を「女性のほうから触ってくるということは、自分を好きなのだろう」と本能的に感じます。そうすると自信がついて、積極的に相手との距離を縮めようとします。キスしようとしたり、ホテルに誘う勇気も出るでしょう。「物理的な距離」は二人の関係のコントロール手段になります。セックスまでの時間を延ばしたいなら、物理的な距離をとり、逆にＯＫの合図を伝えたいなら密着しましょう。

•高く見せる、じらす

女性からのボディタッチには「親しみ」を感じて嬉しいものですが、あえて距離をとり、体に触れないことで、気軽には近づけない「高い女」「特別な存在」という印象を与えることができます。モテる男性や肉食系の男性で、しかも、あなたを好きな場合には有効です。

•「脈ナシ男」への最後の手段

会っていても完全に脈がない、このままだと１００％次がないという場合、最後の手段として、触ったり密着してみるのも手。万が一にでも彼の気が変わったら、もうけものです。

☑ **カラダの距離で「恋のドキドキ感」をコントロールできる**

達人編

彼から「崇拝される女」になる

必ず大事にされる“ブランド化”と“教祖化”

1

「自分が上、彼が下」という関係をつくる

「相手の中で、私の『一言の重み』が、どんどん増していくのが面白い」

これは、お店でナンバーワンだった友人の言葉です。

あなたにも経験がありませんか？　出会ったときは気軽に会話していたのに、相手に執着するほど、相手の一言に一喜一憂するようになり、頭も気持ちも支配されてしまう。

「来週、また飲みに行きませんか？」というメールを出したあと、イエスなのかノーなのかドキドキしたり、「私と楽に話せるって言うけど、恋愛感情がないってこと……？」なんて、彼のちょっとした言葉について、一日中グルグルモヤモヤと考えてしまう。

これは、あなたの中で彼の「一言の重み」が増したということです。

冒頭の彼女を観察していると、初対面のときは、お客さんと対等に見えるのです。

しかし、だんだん「支配」や「崇拝」という上下関係ができるようで、リモコン操作されているかのように、彼らはお店に通ってくるようになりました。

彼らは彼女の「一言」で、あるときは歓喜し、あるときは落胆します。つまり、彼女に支

配されているドレイも同然なのですね。

こういった上下関係をつくるために必要なのが、「ブランド化」と「教祖化」です。

憧れのブランドのものを身に着けていると、ウキウキして、ほこらしく、「自己イメージ」が大きくなりますよね。**「ブランド化」とは、自分を彼にとって、キラキラした、特別で、簡単に手に入らない存在にする**ことです。

そして**「教祖化」とは、自分を、彼の人生や存在そのものを救済したり、逆に地獄に突き落とす、神のような存在にする**こと。

だれかにハマっているときは、多少なりとも相手が「ブランド」や「教祖」になっているものです。どちらかだけでも十分ですが、両方の要素があると、なお強力です。

逆にいえば、**「彼にナメられる」「軽く扱われる」という場合、「ブランド化」「教祖化」ができていない、**ということなのです。

これまでに書いたことが身につけば、あなたの「ブランド化」と「教祖化」はできているはず。しかし、ここからの内容は、さらに強力で達人級の内容になります。

✓ 「ブランド化」「教祖化」であなたの重みを増そう

2 あなたを彼にとっての「ブランド」にするには

「男をあやつる」女性たちを見ていると、つくづく「一人ひとりが、それぞれのブランドだなあ」と感じます。彼女たちには、見ているだけで心が華やぎ、持っているだけでほこらしくなる、ブランドと同じ輝きがあるのです。

自分を「ブランド化」できている人に共通するものを言語化しようと、うんうんうなって考えたところ、ようやく答えを見つけました。

彼女たちは、**「これが自分だ。自分は自分でしかないんだ」「自分はこの世に二つとない、特別な存在なんだ」**……こういう「あり方」に見えるのです。

内心は自信がなかったり、人の評価におびえているとしても、自分の個性を思いっきり発揮していて、「○○みたいにならなきゃ」と焦っているようには見えません。

たまに「ブランド化」をはきちがえて、「相手を遠ざける」「ツンツンする」「すぐ怒る」だと思っている女性もいますが、それではブランドどころか、手にとりたくない粗悪品です。

この世に一人しかいない、唯一の個性である「自分」を磨き上げ、きわめること。

これが、「ブランド化」の最短ルートです。

自分の個性を否定し、投げ捨てて、「一般的によしとされる人になろう」とか「この人の気に入るようになろう」とするのは、「ブランド化」からもっともかけ離れた行為。「自分そのもの」の輝きは消えてしまいます。

だからといって、ただ我が道を突き進むのではなく、状況や相手、時代に合わせて、流行や需要を取り入れる柔軟さや迎合も必要です。

このバランス感覚が身につき、恋愛において自分の「ブランド化」ができるようになると、相手が勝手に大事にしてくれる殿様商売になり、恋愛がかなり楽な科目になります。

とはいえ、いきなり「自分をきわめる」と言われても、なかなかむずかしいですよね。

そこで最初は、**すでに「ブランド化」されている、人やモノのオーラや輝きを借りてしまいましょう。**輝いている人と、できるだけ一緒に行動するのです。また、旬のもの、ハッとするようなオーラのあるものを身につけるのも手。

特別で価値のあるものとなって輝く、という感覚が身についていきますよ。

☑ 柔軟さも迎合も、ときには必要

3 相手の「弱点」を収集しておく

振り返ってみると、私はいつも仲よくなりたい人、好きにさせたい人に出会ったとき、相手の「弱点」を把握することを、無意識のうちに最重要事項にしていました。

なぜなら、**相手の弱点を知ることは、相手を知ること**であり、相手を喜ばせるためにも、怒らせないためにも、傷つけないためにも、安心させるためにも、もっとも有用な情報だからです。

そこで、さっそくあなたの頭にも「彼の弱点フォルダ」を新規作成して、そこに弱点を収集していきましょう。

まず把握しやすい弱点は、彼の**「人よりも劣っている部分」**。

それは見た目でわかることも、話しているうちにわかることもあります。

男性の場合、収入、職業や会社、社会的地位、学歴、身体的なこと（顔が悪い、肌が汚い、身長が低い、ヒョロヒョロ体型、肥満、足が短い、髪が薄いなど）、恋愛や性的なこと（恋愛経験や女性経験がない・少ない、性器が小さい・ふつうとちがう、セックスが普通にできないなど）に劣等感を抱いていることが多いので、注意してみてください。

私の友人がある男性とセックスしたときのこと。彼が性器をひたすら隠していたので、寝ている間にこっそり見たところ、ごくふつうだったそうです。このように本人だけが気にしている劣等感もあります。体の一部を隠すしぐさなどにも注意してみましょう。

また、**なにか特定の話題になったり、なにかを言われたときに、口数が減ったり、話をそらす、はぐらかす、だまる、テンションが下がるなど、反応が変わる**場合があります。これは、秘密があるのかもしれませんし、自己イメージの「傷」、つまり彼の弱点に触れて、心が苦しくなったり、不快になったりで、思わず避けてしまう反応なのかもしれません。

弱点を効率よく収集するにはコツがあります。それは、「何をしたら（言ったら）この人は泣くか」というテーマで弱点を探ること。漫然と相手を見ているよりも、その「究極の一撃」で泣かせる場面を想像するほうが、よほど素早く、的確に弱点にたどりつけます。

そして、「究極の一撃」を手にしている自信が、あなたに余裕をもたらしてくれるのです。

ただし、人間関係が終わってしまうので、その一撃は実際にくらわせてはいけませんよ。

✓ どんな人にも劣等感や不安はある

4 「自慢」は彼の「弱点」

138Pでは、彼に自慢しましょう、というお話をしましたね。

では、彼がよく「自慢すること」はありますか？　自慢するくらいだから、自信があって、彼の強みだろう、と思われがちですが、じつは自慢も弱点なのです。

彼が自慢するのは、相手に自分を認めてもらって、「自己イメージ」を大きくするため。

一方、自慢を聞かされた相手は、「すごいですね」「うらやましいな」と言わされているとか、自己イメージを小さくさせられそうな圧迫感を覚えることがあります。

自慢する人は「もらいたがり」であり、本人だけが気分がいいのです。

当然、人からは嫌われてしまいます。それなのに、なぜ自慢してしまうのかというと、自己イメージが危機にひんしているから。自己イメージを回復するのに必死で、自慢せずにはいられないのです。

感情コントロールができる人、自己イメージに執着していない人、自己イメージが安定している人、不安のない人は、自慢をしません。成熟している人ほど自慢をしないので、**自慢**

していること自体が、「人よりも劣っている部分」、つまり弱点といえるのです。

さらに、自慢している内容は、彼の価値観の表れであり、「裏門」です。

彼が自慢する内容に「俺は優秀で仕事ができる」という内容が多いなら、「仕事ができる」ということが彼の「自己イメージ」のよりどころであり、彼はそれにすがっているのです。

わざわざ何度も自慢するということは、「大丈夫、俺はできるんだ」と確認したいため。

根底の「自分が優秀じゃなかったらどうしよう」という不安の裏返しです。

昔からずっと優秀で仕事ができる彼が、仕事のことはまったく自慢せず、「かっこいいって言われた」とか「モテちゃった」という自慢が多い、ということもあります。

この場合、彼は仕事に関しては自信があり、自己イメージが安定しているけれど、男性としての魅力に関しては、自己イメージが影響を受けやすい弱点だと判断できます。

彼の自己イメージが安定している方向からゆさぶりをかけても、彼は冷静で落ち着いているので、なかなかあやつることはできないでしょう。

彼をあやつるには、自己イメージが不安定な方向から、というのがセオリーです。

☑ 自慢は彼の裏門

5 「イエス」と「ノー」はセットで与える

以前、「女をあやつる男」から、十数人の女性を支配してきた方法を聞きました。

彼いわく、一般に女性は男性に強さを求めているので、一部の女性は暴力で支配できるのだそうです。ポイントは、なぐったら、けっしてそれで終わりにせず、「お前を愛しているから、なぐったんだ」「俺にここまでさせるほど、お前は特別なんだ」と抱きしめて、彼女をうっとりさせて締めることなのだとか。

「暴力」と「うっとり」は、かならずセットで与えなければならないのだそうです。

たとえば「暴力」から「うっとり」までに一週間あくと、女性の中の印象が「暴力」で固定されてしまうため、冷静に別れを考えはじめたりする。だから、「暴力」と「うっとり」の間隔は、最長でも一晩までしかあけてはいけない、とのことでした。

このように両極端の「イエス（肯定）」と「ノー（否定）」を同時に与えると、女性の感情は乱高下して、激しい混乱と陶酔の中、彼を「運命の人」だと感じ、捨てられたくないあまりお金をくれたり、浮気を許したり、ドレイのようになるのだそうです。

その話を聞いて、私は「計算して暴力をふるうなよ……」と嫌悪感をいだいたのですが、考えてみると、私も精神的に似たようなことをしていた、と気づきました。

人をあやつるには、イエスだけでもノーだけでもダメ。かならず正反対の要素をセットで与え、相手に答えを出させない状態を、キープしなければいけません。すると相手は宙ぶらりん状態の中、無意識で答えを出そうとして、こちらのことが気になりつづけるのです。

もしもあなたが彼にハマっているなら、かならず彼から「イエス」と「ノー」をセットで与えられているはずです。たとえば「かっこいいけど、ヌケていて、私のことを受け入れてくれそう」とか「職場では優しいけど、デートには誘ってくれない」とかですね。

「愛されつづけるためには『私はあなたが好き。私は一人でいても、楽しくて幸せ』というメッセージを相手に感じさせる女性でいなさい」と、私が提唱しているのも同じことです。

大事なのは「イエス」と「ノー」の絶妙なバランス。

「あなたに興味がありません」とか「あなたに夢中です」のような、明確な答えを与えてしまわないことが、ずっと追いかけられるコツなのです。

✓ ハマらせるには宙ぶらりんの状態に

6 すべてを受け入れる「女神」になる

「彼はあまり自分のことを話すタイプじゃないんです」という女性がいます。

しかし私の研究では、人に話さないタイプの人でも、すべてを受け入れてくれそう、理解してくれそう、信用できそうと感じた人には、勝手に話して、勝手に泣いたりするものです。

彼があなたにあまり話をしないならば、あなたに対して「こんな話に興味がないだろう」「どうせ聞いてくれないだろう」「わかってもらえないだろう」「反対や口出しをされたくない」「自分が話した内容を、人にしゃべったりしそう」「話しても、びっくりしたり困ったりしそう」、つまり「受けとめられるキャパシティがない」と感じている可能性が高いです。

彼の心に一生残る女性になるには、「天使」からグレードアップして、彼のすべてを受け入れ、彼を救う「女神」になってしまいましょう。

そのためには、**すべて聞く、ただ聞くこと**。

もちろん、彼があなたを信用するまで、ある程度の時間がかかりますので、あせらないで。

ムリに聞き出そうとするのは、青い果実をムリにもぐようなもの。果実が熟して自然に落ちるのを待つように、彼の心が熟して、話したくなるのを待つのです。

彼が話しはじめたら、彼の「内側から」話を聞き、「内側から」あいづちを打つと、彼は我を忘れ、夢中になって話してくれることが多くなるでしょう。

たとえば彼が「明日、合否がわかるんだ」と言った場合、外側からのあいづちは「受かったらいいね」ですが、内側からのあいづちは「ドキドキだね」が正解。

彼が「あと1点で合格だったのに」と言ったとしたら、外側からのあいづちは「惜しかったね」ですが、内側からのあいづちは「悔しいね」となります。

つまり、**彼になって、彼の「内側の感情」を言うのが「内側からのあいづち」**なのですね。

あなたは彼のすべてを誠実に、正直に、しっかりと彼の目を見て受けとめてください。

私は、相手の胸の中のかたまりを、自分が全部吸い取るイメージで話を聞いています。

こうしてどんどん話をさせることで、あなたの持っている「彼の弱点フォルダ」がパンパンになるほどの情報が集まります。

ここまでくれば、彼を喜ばせるのも、怒らせるのも、自在なのです。

☑ **彼の心が熟すまで待つ**

7 彼を否定しバカにする

あなたの「ブランド化」や「教祖化」を進め、彼から崇拝されるためには、彼を受容して、彼の自己イメージを大きくするだけでなく、彼を否定して、彼の自己イメージを小さくすることも必要です。彼の心を上げたり下げたりして、あなたの手のひらの上で転がすのです。

そのためには、相手の性格や反応によって「否定のしかた」や「否定の分量」を調整する、匠《たくみ》のように熟練した「さじ加減」が重要。

「そんなこと、むずかしそう！」と思うかもしれませんが、段階を追って説明します。

最初は「否定して、肯定する」からはじめましょう。たとえば、「不器用だねえ。そんなところが大好き！」「もう、ブサイクで愛しすぎる」などですね。

次は「愛ゆえの否定」。たとえば、「うるさいなー。あなたほどの人が、まだグチグチ言ってるの？」、「あー情けない。しっかりしなさいよ！　天下を取るんじゃないの？」などです。

最終的には「ただ否定」します。

彼が仕事で成果をあげたと報告してきても、「へぇ、どんなもんだか」と見下したり、彼の熱弁を聞いても「相変わらず、浅ーい価値観だねえ」と一蹴する、などです。

基本的に、彼にとって「否定される＝嬉しい」となるには、彼が、**あなたの根底には自分への「無条件の受容」「深い理解」があり、「否定するのは、根底では自分を全肯定しているから」だと信じこんでいる**ことが必要です。もしそうなっていれば、彼はあなたを恨んだり、怒ったりするのではなく、崇拝しはじめるでしょう。

一方、女性が心から否定してバカにしていたとしても、**「いつかこの女に認めさせてやる！」**と発奮し、そのおかげで成功した、と感謝している男性もたくさんいます。

私の経験や研究上、否定やバカにすることは、優秀な男性、自信のある男性に、より効果があります。彼らはずっと女性から持ち上げられたり、ホメられたり、依存されたりして、リードする立場であることが多かったのでしょう。

しかし、自分が下にいられる体験をして、その楽さ、新鮮さに、感激し、「こんなすごい女がいたなんて！」と彼女を尊敬し、ときには崇拝するようになるのです。

「的確な否定」で自己イメージが小さくなることが、「彼の勝ち」で「喜び」なのですね。

☑ **いつもホメられるのも疲れるもの**

8 彼に「ただものではない」と感じさせる秘訣

ほとんどの女性が、自分の気持ちや思いを「自分の都合」で彼に伝えます。

たとえば彼がむしゃくしゃしていて、大きな音を立ててドアを閉めたり、トゲトゲした言葉づかいをしたりなど、彼女に八つ当たりしたとします。それに対して彼女が暗い顔で黙ってしまったり、「そんな言い方しなくてもいいでしょ」「ちょっと傷ついた」などと言う。あるいは、彼がお茶をこぼしてしまったときに、彼女が「ちょっとー！　この本、買ったばっかりなのに、びしゃびしゃになっちゃたよ！」と怒る。

こういうことって、ふつうにありますよね。

しかし、彼女の言葉は「私がいやだ」「私がつらい」「私は被害者」「私のためにやめてほしい」という「自分の都合」による発言です。

八つ当たりされたとき、彼女が「なにかあった？」「私、ちょっと消えていようか」「おいしーいコーヒー、入ったよ」と言えたなら……。お茶をこぼされたとき、「あ！　やけどしなかった？」「やっちゃったね（笑）。もう一杯入れてくるね」と言えたなら……。

彼は「この人は、ただものではない」と感じ、彼女は彼の女神になっていくでしょう。

クラブで私のお客さんが、ナンバーワンの女性と同席したあとで、「いつか、彼女の素の表情を見てみたい」と言っていました。彼女の会話、動きや表情は、猫のようになめらかで、芸術的でした。彼女は悪魔と女神が共存しているような雰囲気を持っていて、お客さんは彼女のことを「底が見えない」「把握できない」と感じるのでした。


「底の見える女性」は「自分の感情」が言葉や行動の軸になっていて、それが丸出しです。


「私がつらい。私は被害者。ああしてほしい、こうしてほしい」という言動によって、「彼女はこのくらいの大きさで、底がこんなに浅いのか」と、簡単に把握されてしまうのです。

そういう女性を見て、男性は「どうせ受け止めてもらえないだろう」と感じるので、自分の本心や悩みなどを話す気にはなりません。

しかし、軸が「彼の都合」である女性に、男性は、はかりしれないキャパシティを感じ、「彼女にはそのままの自分を見せられる、いや、見せたい」と、いつのまにか、いろいろなことを話してしまうのです。

☑ 被害者意識の強い女性に心は開かない

9 あえて「高飛車な女」になってみる

「高飛車な女」というと、自己中、わがまま、えらそう、言いたいことをズケズケ言う、など、イヤな女の代名詞のような印象がありますよね。

だけど、**「したいようにする気まぐれな女」を「価値が高い」と錯覚したり、「高飛車でわがままな女性にふりまわされたい」という願望を持つ男性は、意外といる**ものです。

あなたもぜひ、あなたがいい気分になって、楽しむための高飛車ではなく、**「楽しませる側」となって、サービスとしての「高飛車キャラ」を提供してあげましょう。**

ただし高飛車は、成功すれば相手と仲よくなれるうえ、印象に残る稀有な女性にもなれますが、失敗すると失うものが大きく、ハイリスク・ハイリターン。加減がむずかしいのです。

私は以前、高飛車キャラで接客していたお客さんに、いつも席でお寿司を取ってもらっていました。ある日、彼が来店したときに、笑ってツッコんでもらうつもりで「わーい、お寿司が来た！」と言ったら、その日から着信拒否されてしまったことがあります。

くれぐれも私のように失敗しないよう、少しずつテストしながら進めていってください。

たとえば、初対面でも「このバッグ持たせてあげる」とえらそうに言われて喜ぶ男性と、どれだけ親しくなっても、天使モードで「ほんと、ありがとう。優しいね」と言われることで、どんどんつくしてくれる男性がいます。

後者の男性に「持たせてあげる」と言っても「はあ……」と白けさせてしまったり、「持ってください、だろ?」と怒らせてしまうこともあるのです。

最初のテストは、「のどがかわいた」とか「バッグが重いなー」などと言ってみます。世話好きな男性なら、あれこれ世話を焼いてくれるでしょう。少しでも、彼から「はぁ」とか「え?」という気配を感じたら、すぐに天使モードに戻してください。

彼が嬉しそうにお世話してくれるようなら、つぎの段階です。「はい、バッグ」とだけ言って持たせてみるとか、「アイス買えー」と言うとか、軽くわがままな態度をとってみます。「わがままだからな」「タカビーだねえ」など、彼が嬉しそうにネタにしたり、進んでサービスしてくれるようなら合格です。反応を見ながら、高飛車度を増していきましょう。

一度高飛車キャラが確立し、二人の間で「お約束」になると、関係が楽になりますよ。

✓ 彼の反応でわがままの「アリ・ナシ」を見きわめる

10 失礼な態度には「シンプルな罰」を与える

相手になにか言われたり、聞かれたりして、「うーん、なんて答えようかな」と困ったとき、「なにも言わない」という、強い力を持った選択肢を、ぜひ思い出してください。

言い慣れないことを「言う」よりも、「何も言わない」ほうが、簡単ではありませんか？

関係の手綱を締めたり、ゆるめたりするためのシンプルな方法が「無言」なのです。

「無言」の一つ目の使用法は「にっこり笑って見つめる」です。

たとえば「俺のこと、どう思ってる？」「今度一緒に旅行したいね」など、あなたの気持ちを確かめてきたり、距離を縮めてこようとする言葉に対して、慌てて返事をしようとするのではなく、ただほほえんで彼を見つめます。

これは「受容感」「ほのかな好意」「余裕」「ミステリアスさ」がいっぺんに表現できてしまう「思わせぶり」で「意味深」な対応です。

そして、より強力なもう一つの使用法、それは「無表情で黙る」。

こちらは彼があなたを粗末に扱ったときに行います。たとえば彼から電話で、明らかな仮病やウソなどによるドタキャンの連絡があったとき、黙っているのです。すると、彼はあわてて「やっぱり行く」とか「埋め合わせをするから」などと言い出したりします。

あるいは、①彼から「なんでそんなに足が太いの？」「ほんと頭悪いね」など無神経で失礼なことを言われる。②一方的に延々と愚痴や誰かへの罵詈雑言を話されたり、八つ当たりされるなど、彼からゴミ捨て場のように扱われる。③けっして同意できないことに同意を要求される。以上のようなことが何度もあり、嫌気が差したときに、彼を無表情で黙って見つめたり、あるいは黙って淡々と自分のことをします。

「リベロ」の逆で、わざと拾わずに落とすのです。彼は怖くなり、焦るでしょう。

彼もうすうす、自分が失礼や無茶をしていることに気づいているので反省し、あなたに対して何をしても言ってもいいわけではない、と学習します。

自分に向かって質問をされたり、返事を求められているときに黙っていることは、ちょっと勇気がいりますよね。

だけど、**あなたの扱い方は、彼ではなく、あなたが決める**のですよ。

☑ **無表情で、彼の自浄作用をオンにする**

11 彼の「心の声」を先回りして、言葉にしてあげる

「○○が増えると、恋愛が冷める」。これは「男をあやつる」女友達の至言ですが、○○の中はなんだと思いますか？　……答えは、「心の中のツッコミ」です。

恋愛が盛り上がっているときは、相手に夢中な状態。顔を見ているだけで、幸せですよね。

しかし、そのうちに、かならず相手に対して「あれ？」ということが出てくるものです。

その「あれ？」を気軽に言い合えるなら、二人はいい関係であり、長くつづく可能性が高いでしょう。

しかし、「言うと怒りそう」「傷つけてしまいそう」「気まずくなりそう」などと気を使って言えない場合、心の中だけでツッコミを入れることになっていきます。

一緒にいるのに、「変な食べ方だな」「その服、全然似合ってない」「あー、またドヤ顔してるよ」「え？　こっちの言い分は無視？」といった、相手に言えない、心の中だけのツッコミが増えるほど、相手に対する心の距離が広がっていくのです。

だからこそ、相手には、できるだけあなたへの「心の中のツッコミ」を入れさせないこと

を考えなければいけません。そのためには、普段からツッコミやすいキャラクターであること、なんでも言える人間関係をつくっておくことが重要です。

そして効果的なのは、相手の「心の声」が「ツッコミ」に変わる前に代弁してあげること。

たとえば、明朝から遊園地に行くというのに、彼があまり楽しそうではないとします。

その場合、乗り気でない様子を無視して「明日、楽しみだね！」などと「行く」という方向でどんどん進めたり、「行きたくないの？　前から約束してたでしょ！」と怒ってムリに行かせれば、「楽しいのはお前だけだろ」などと、彼は心の中でツッコむでしょう。

そうならないように、「めんどくさいよねえ」「疲れてるんじゃない？」など、**彼が言いにくい「心の声」を代わりに言ってあげると、彼は心の中でツッコむ必要がなくなる**のです。

さらに、彼の「あまのじゃく精神」がくすぐられ、「いや、そんなことないよ」と、「彼が行きたくて行く」ように変わることもあります。

また、普段から「今、私にムカついたでしょ」「私、迷惑じゃない？」など、あなたへのネガティブな本音を先制して言うことで、彼の「心の中のツッコミ」を予防できますよ。

☑ 彼の心に溜めこませない

12 「ダメ女」になって依存してみせる

男性は、じつは「ダメ女」が好きなのです。

でも、ただダメならいい、というものではありません。めんどくさいですが、男性が好きなのは、「自己イメージ」が大きくなる、自分の手に負える程度の「ダメ女」です。

たとえば、お金にだらしなくて借金しまくる、ギャンブル依存症、アルコール中毒、男グセが悪い、などのダメぶりになると、自分の手に負えないため、彼は無力感を感じ、「自己イメージ」が小さくなります。

さらに、そこまでダメな女性を、本命にはしたくないと思う男性は多いのです。

しかし、適度なダメさなら、**「こいつには俺がいないとダメなんだ」「俺が助けてやっている」「俺が力になっている」と実感できるので、ますます彼女にハマる**ことになるでしょう。

人は自分が助けた人、自分が役に立てた人、なにかをしてあげた人に、愛着や思い入れを持つものなのです。

男性の好きな「ダメ女」は、「さびしくて一人で缶チューハイ飲んでるの」「ムリだよー。

一人じゃできない……」「あなたがいなくなったら生きていかれないよ」と、さびしげで、弱々しい女として、とにかく彼に頼って、彼に依存してみせます。

ポイントは、彼が本気でうっとうしい、面倒、困ったと思わない範囲にとどめること。

たとえば夜に「さびしいよー」と子供のような声で電話をして、話しているうちに明るくなり、「あなたのおかげで元気が出た。ありがとう」と感謝して、彼にとって遅すぎない時間に切るなら、男性からすると、とてもかわいくて助けてあげたい女性です。

また、「あのバッグ買ってよ！」とわがままを言う、夜中に「今から来て」と命令する、情緒不安定で泣き出すといった、さらに進んだダメぶりも**「彼女が素を出せるのは俺だけ」「俺が彼女を救ってみせる」**とヒーロー精神をくすぐり、より本気にさせることがあります。

そのうちに「彼女が一人で生きていけるようになるのがいやだな」と無意識で感じるようになる場合もあり、こういう共依存関係になれば、彼はあなたにどっぷりハマっています。

とはいえ、まともな男性ほど、100％依存するだけの女性を、最終的に選ぶことはありません。「教祖」や「ブランド」である女性からの依存ほど、彼はメロメロになるのですよ。

✓ うまくいけば彼がどっぷり依存してくる

13 みつがせる技術 ～プロフェッショナル編

「ブランド化」「教祖化」ができていればいるほど、「みつぐのがあたりまえの関係づくり」が簡単になります。普段は100円高いランチにするかどうかを迷う人が、高級ブランド店では、喜んで万単位のお金を使うのと似ていますね。私が見てきたところ、男性に何十万～何千万円という額をみつがせるには、いくつかのパターンがあります。

①崇拝の対象へのお布施

「ブランド化」「教祖化」が成功していると、男性は彼女を崇拝し、感謝しています。そうすると、彼女にごちそうするのはもちろんのこと、彼女を生活させたり、必要なお金を支払ったり、プレゼントするのもあたりまえだと感じるのです。

②「彼女を救えるのは自分」という錯覚

男性に「不幸な境遇の中、けなげにがんばっている彼女を助けたい」と思わせ、彼自身を、かわいそうな彼女を救うヒーローや「あしながおじさん」だと錯覚させます。

③プレゼントやお金があるときだけ会える仕組み

完全な上下関係ができていると、男性は「彼女は自分に会っても楽しくないだろうな」という負い目を感じます。女性はダイレクトに「プレゼントやお金を持ってこい」と言うわけではなく、「ほしいって言ってた財布、買ったよ」などと言われたときだけ笑顔になったり会ったりする、などの行動で「みついでいるあなたにだけ価値がある」と学習させます。

④「みつぐほどセックスや結婚に近づく」という錯覚

これは数百万円以上をみつがせるときの常套手段。「親の入院代や手術費が気がかりで、恋人をつくるどころではない」「目標の金額を貯めないとお店をやめられない」「背負わされた借金を返さないと結婚は考えられない」などと理由をつけ、「お金さえあれば、つきあえる、結婚できる」と思わせることで、男性がせっせとお金を振り込む仕組みをつくります。

☑ **みつぐことに喜びを感じさせる**

エピローグ

あなたの恋はあなたが選ぶ

1 「手練手管」が連れて行ってくれる場所

第一章で書いたように、昔、私はある男性を好きになり、「この人を手に入れるためなら、なんでもする」と手練手管を総動員し、彼をハマらせることに成功しました。

私たちは結婚して、彼は今、私の隣でお茶を飲んでいます。私はとても幸せです。

……と、映画や小説なら、そうなっているかもしれません。

では実際の私たちは、どうなったのでしょうか？　その後についてお話ししましょう。

私は「ちゃんとつきあうなら、そのままの自分を出していこう」と思いました。

本当は私だって、好きな人には優しくしたいし、素直な気持ちを出したい。わざと振り回したくなんてありません。

しかし、私が素の自分を出すようになっていったら、なんとなくお互いにしらけてしまい、二人の関係は、煙のように消滅してしまったのです。

これが二人の、本当の関係でした。

私たちは合わなかったのです。

この恋は、私に多くのことを学ばせてくれました。
ただ好きにさせれば、いいわけではないんだ。
つきあえれば、永遠の楽園に行かれるのではないんだ、と。
手練手管を駆使すれば、つきあったり、結婚することは、できるかもしれません。
でも、それからも、けっして自分を出してはいけないのなら、
いったい、楽しいのでしょうか?
いったい、幸せなのでしょうか?

つきあうことや結婚は、ゴールではありません。スタートなのです。
手練手管を使わなければ、一度のデートもかなわなかったかもしれない相手とも、
手練手管を使うことで、じっくりとお互いを知る機会ができることもあります。
手練手管は、あなたをスタート地点まで連れて行ってくれるための道具です。
素のあなたを出したところから、二人の本当の関係はスタートするのです。

☑ **錯覚の恋が終わったところから、本当の恋がはじまる**

2 「自由な子」は「不可能」の存在を知っている

「どうしても彼を手に入れたい」と思いつめている女性の話を聞くと、「不可能はない、どこかに、かならずうまくいく方法があるはず」と思っている人が多いと感じます。

もちろん、恋愛や男性の心理について学び、専門家に相談することで、恋愛が成就する確率は、まちがいなく飛躍的にアップするでしょう。

しかし、もしも世界一の「男をあやつる女」がいたとしても、彼女にも落とせない男性は、かならずいます。すごく美しい女優なのに、まったく好みじゃないという男性もいます。スゴ腕の絶世の美女が、10人中8人は落とせたとしても、けっして全員は落とせません。

不可能なことは、あるのです。

私だって、好きな人を手に入れたことはありますが、いいなと思っても、手練手管を使う場面にまでいかないことだって、たくさんありました。

仲よくなりたくても、相手にしてもらえないことだって、もちろんあります。

この世には、自分の意志や努力で変えられる部分と、どうやっても変えられない部分があります。たとえば不妊治療をしても子供を授からない人もいます。これは、強い意志と努力だけでは、どうにもならないのですね。

「不可能はある」と知ることと、「どうせ不可能なんだ」と、最初からあきらめることとは、まったくちがいます。

「この世には不可能はある。だけど、可能にするために、できることは全部やる」

そう思って徹底的にベストをつくせば、かなりのことが可能になりますし、もしダメだったとしても「今の私にできることは、全部やりつくした。だからこれは、不可能なことだったんだ」と、さわやかに納得できるのです。

「不可能はない」と信じたい人は、「どうやっても変えられない部分」に執着してガチガチになり、エネルギーを消耗するため、かえって不可能を増やしてしまっています。

皮肉なことですが、「不可能なことはある」と、淡々と現実を認識できているほうが、のびのびと動けるので、不可能は減り、ほしいものを手に入れられるようになります。

「不可能がある」とわかってはじめて、本当の「自由な子」になれるのです。

✓ 不可能があるからこそ、努力のしがいがある

3 あなたはつねに「選ぶ立場」

恋に落ちると、「どうしたら好きになってもらえるだろう」「どうしたら選んでもらえるだろう」としか考えられず、「自分も選ぶ立場である」という事実に気づけない女性は、とてもたくさんいます。

彼はあなたを選ぶかもしれないし、選ばないかもしれない。

だけど、あなただって、彼を選ばないかもしれません。

そう、お互い様ですし、彼とあなたは、どんなときでも対等なのです。

「なにを言っているんですか？　好きなんだから、こっちはすでに選んでいるですよ。あとは彼から選んでもらうだけじゃないですか。

私は彼を好きだけど、彼は私を好きではない。これの、どこが対等なんですか」

という声が聞こえてくるようです。

でも、好きな人にハマってのぼせることと「選ぶこと」とは、全然ちがうのです。

「なんでもいいから好きにさせたい」という切迫した気持ちは、麻薬中毒患者が、「ヤク……ヤクをくれ……」と薬を求めるように、目先の欲求を満たそうとしているだけ。

「選ぶ」というのは、**「長期的に見たときに、この人と一緒にいて自分は幸せになれるのだろうか？」**という冷静な視点で判断することです。

彼を好きにさせようとがんばるのなら、彼から選ばれたと仮定して、自分は幸せになれるのかを予測してみるのです。

そうすれば、「でも、こんな女好きで、私のことを便利だとしか思っていない男、つきあったり、結婚できたところで幸せになれるか？」「冷静に考えると、彼と会話していても、中身がなくてつまらないんだよなあ」などと、「選ぶ側としての判断」が出てくるのです。

そもそも、あなたに心からお聞きしたい。

あなたのよさがわからない男性が、本当に素敵でしょうか？

あなたを大事にしない男性が、本当に、そんなに素敵ですか？

あなたに「選ぶ側としての冷静な視点」があってこそ、彼にとって「ブランド化」された、手に入れる価値のある、対等な女になるのですよ。

☑ あなたは本当に彼を選んでいますか？

4 自分自身をあやつる二つのコツ

あなた自身をあやつることができなければ、「男をあやつる」ことなんて、けっしてできません。

自分をあやつるためには、「内側の問題」と「外側の問題」を分ける必要があります。

「内側の問題」とは、感情、自己イメージの大きさなど、自分の内側で起こっている主観的な問題です。そして「外側の問題」とは、自分の気持ちとは関係なく自分の外側で起こっているできごと、５Ｗ１Ｈで表せるような客観的な事実のことです。

自分をコントロールできない人は、感情や思いつきにまかせて行動します。

「内側」と「外側」を分けておらず、そのまま反映させてしまうのですね。

たとえば、明るい気分になるとウキウキして連絡をする、頭にくると怒りをぶつける、不安になると「もらいたがり」になって、相手に何度も確認してしまう、などです。

しかし、ほしいものを手に入れるためには、あなたの内側がどうであろうと、外側の「するべきこと」を淡々と行えばいいのです。たとえば、内側では自信がなくても、彼を落とすために必要なら、高飛車キャラで彼をふりまわすといった具合に。

自分をあやつるには二つのコツがあります。

一つ目は、行動を起こす前に「これをしたら、相手はどう感じるだろう？」「これをしたら、どうなるだろう？」と、一瞬立ち止まる習慣をつけることです。

たとえば、感情的に「二度と連絡しません」とか「もう別れる！」と伝える前に、一瞬立ち止まって、それをしたら後悔するだろう、うっとうしく思われるだろう、信用がなくなるだろう、二度と会えなくなるだろう、などとわかれば、踏みとどまることができます。

二つ目のコツは、「これをしたら、相手はどう感じるだろう？」「これをしたら、どうなるだろう？」と考えられないときには、なにも行動を起こさない、ということ。

「今の私は冷静じゃない」と思ったら、勢いで対応せず、「明日、また連絡するね」などと返事を先のばしにしたり、信用できる人に相談して、冷静さと落ち着きを取り戻しましょう。

この二つを習慣にし、あなた自身をあやつることができれば、恋愛をはじめ、人生のいろいろなことを、感情でぶちこわしにせずにすむのです。

☑ **落ちつくだけで正解がわかる**

5 「自己イメージ」から自由になる

男性の「自己イメージ」をあやつるためには、あなた自身が「自己イメージ」から自由になっていなければなりません。

もし、あなたが人から「ブスだよね」と言われていたら、ショックですよね。

もしかしたら、「私は醜い女」という自己イメージに変わってしまうかもしれません。

しかし、ブスだと言われた途端に、あなたの顔がお化けのように変化したのでしょうか？

いいえ、そうではありません。変化したのはあなたの自己イメージで、実際の顔はなに一つ変わっていませんよね。

「自己イメージ」とはしょせんイメージであり、現実のあなたではありません。

ショックとか醜い自己イメージというのは「内側の問題」であり、「外側」とは完全に切り離されているのです。

また、彼にフラれたり、浮気されたりするのは、本当につらくて、苦しいですよね。

だけど、なぜそんなに、つらくて苦しいのでしょうか？

自分の心を観察してみてください。そこには、あなたの「自己イメージ」が小さくなり、傷つくから、という理由もあるのではないでしょうか？

フラれてつらいという場合、「彼に会いたい、さびしい、離れたくない」という理由以外に、「フラれた自分がみじめで、価値がない存在に感じる」という理由もあるでしょう。

浮気された女性に「どうしてそんなに苦しいの？」と聞いたところ、しばらく考えてから、「屈辱だから」という答えが返ってきたことがあります。

セックスレスで悩んでいる女性に、「それは肉体的につらい？　それとも、求められないということがつらい？」と聞くと、「求められないことで、自分が女として価値がない気がしてつらい」とか「ふつうのカップルじゃない気がしてつらい」と言われることが多いです。

これらはすべて「自己イメージ」という「内側の問題」なのです。

あなたがつらいとか苦しいと感じたら、自己イメージを観察してみてください。

「自己イメージが傷ついたんだ」「自己イメージが小さくなったんだ」と気づくだけで、自己イメージの支配から自由になり、より自在に、他人の自己イメージをあやつれるのですよ。

✓ 自己イメージによって、あなたの素晴らしさは変わらない

6 なにもかも、どうでもいい 彼にフラれても嫌われても、究極はどうでもいい

「変なメール出しちゃったかな……」「彼に嫌われたかな……」「私と話してもつまらないのかな……」「結婚できなかったらどうしよう……」などなど、

頭の中でずーっと、グルグル、グチャグチャ、考えてしまうこと、ありませんか？

私は、ひとしきりモヤモヤグルグルすると、

「あーーーーー！！　『私が』『私を』『私の』『私』『私』『私』『私』……『どうしよう』『どう思われる』『損する』『得する』、そんなんばっかり！もう疲れた！　めんどくさい！　どうでもいいわ！！　アハハハハ！！！」

と、サバサバした状態になります。

フラれたら、フラれただ！

嫌われたら、嫌われただ！

だって、私は彼に出会う前だって、生きていたんだもの。

元に戻るだけのことなのです。
極論を言えば、死んだら死んだです。
自分なんて、もともといなかったのですから、元に戻るだけのことなのです。
究極はなにもかもが、どうでもいいんです。
すべてを思いどおりに支配することなど、できません。
やれることをやったら、あとはもう、なるにまかせるしかありません。

火事場の馬鹿力といいますが、
この、**根底からの開き直りによって湧いてくるパワーって、すごいですよ。**
もー、なんでもできちゃいます。
普段は、モヤモヤ、グルグルに、エネルギーって使われちゃってるんですね。
なにもかもが飛び散って、すべてがなくなったとき、
あなたはブランドも教祖も超えた、「あなたそのもの」なのです。

☑ **「どうでもいい」がきわまったとき、「あなたそのもの」になる**

おわりに　新しいあなたの恋愛をしよう

ここまで読んでくださり、ありがとうございます！

本当はこの本は、「好きな人の心をつかんで本命になり、二人で幸せに生きるためには」という内容になるはずでした。

しかし、担当編集者の岡田さんと、この本について打ち合わせをしていたときのことです。

私がポロッと「まあ、手練手管を使えば、好きとか信頼の対象じゃなくて、もはや信仰とか崇拝される域に達するんですけどね。アハハ」と言いました。すると、しばらくしてから岡田さんがポツリと**「……私、それ知りたいな」**とつぶやいたのです。

私は「あ、余計なことを言っちゃったな」と思い、即座に「あーでも、今はそんな、自分が不安だった時代に使っていたようなやり方を書く気はありません。女性が本当に幸せになれる本を書きたいんです」とキッパリ言いました。

しかし、帰り道、私は彼女の「それ知りたいな」という言葉が忘れられませんでした。「そりゃ、そんな方法があるなら、知りたくなるよな。それが女性たちの本心だよな」と、ハッとさせられたのです。私だって、おかしくなるくらい好きな人がいるときは、のどから手が出るほど、知りたかったことです。

私が「男をあやつる方法なんかより、本当に幸せになる方法こそが大事だ」と思えるのは、自分がもう恋愛では苦労しないと確信できるようになったからではないか、と気づいたのです。

映画やドラマで、ボクサーが街で素人からからまれて、なぐられてもやり返さずに、やられたままにしている、という場面を見たことがあります。

もちろんケンカをすれば余裕で勝てるのですが、そんな相手をのしてもしかたがないので、あえて、やられたままにしておくことを選択しているのです。

そのボクサーが、「強くなりたいです！」と切望している人に、「結局、ケンカが強くても意味がない。やめておけ」と言ったとしても、やはり強くなりたいのが人情です。

ボクサーが「ケンカが強いことに意味がない」と思えるようになったのは、すでに強さを手に入れたからであって、手に入れる前は強くなりたかったはずなのです。

それと同じで、私も「恋愛の自由」を手に入れたからこそ、その先の幸せ、といったものを求めることができるようになったのではないか、と思ったのでした。

だとしたら、女性たちも、まずは「男を思いどおりにあやつる」、そして「恋愛において心から納得する」という段階を満たすことが必要で、それではじめて「長い目で見た幸せ」を求められるようになるのではないか、と思いました。

とにかく、目先の男、今ときめいている男がほしくてしかたがないのに、「そんな男を手に入れることに意味はない。もっと一生いられるような人を選びなさい」と言われても、頭では理解できたとしても、感情的に納得することはむずかしいのではないでしょうか。

彼女たちは、**「やりたい。でも、できない」**という状態なのです。

だから私は、私が獲得した「男をあやつる方法」を、できるだけすべて、具体的に公開することにしました。まずは今ある欲望を満たしてほしいからです。

少なくとも、「どうすればいいの？　だれか教えて」という状態から、「なるほど、こうすればいいんだ」という状態になってほしかったのです。

そうすれば、知る前よりも、まちがいなく恋愛が自由自在になるはずですし、「自分の課題はここだ」と気づくだけでも、気持ちの余裕がまったくちがいます。

あるいは「ああ……、こういうことをするんだ。無理」とか「これだったら、やりたくない」と思ったとしても、それは「できない」という「不可能」ではなく、「やらない」という「選択」なので、納得感が得られるはずなのです。

この状態が**「できる。でも、やらない」**なのですね。

私がこの本を書いた理由の1つ目は、「やりたい。でも、できない」あなたに、「できる。でも、やらない」という選択肢を持ってほしかったからです。

私が今、スッキリと納得できているのも、「こうすれば、この人は思ったとおりにできるかもしれないな」と思ったとき、それを選択するも、しないも自由、という状態だからです。

プロボクサーのように、ケンカすれば勝てるけれどやらない、武器を持っているけれど使わない、という選択肢を持った、自由で余裕のある状態に、あなたにもなってほしいのです。

また、私がこの本を書いた二つ目の理由は、あなたをあやつろうとしてきた男性がいたら、それに気づくことができるようになってほしいからです。

彼の言葉を鵜呑みにして、「だまされた」とか「ひどい人だ」と被害者になっているだけでは、あなたは一生、相手に手綱を渡して一喜一憂しているだけです。

しかし、手口を知っていれば、相手の手口に気づくことができます。

相手が思わせぶりなことを言ったり、はぐらかしてきても、「思わせぶりなだけで、つきあう気はないんだ」「彼は答えたくないんだ」などと、相手の本心が見抜けるのです。

また、人の心が動くロジックを知っていれば、自分が今、どうしてこんなに夢中になっているのか、ふりまわされているのかが把握できます。

そうすれば、一歩引いたところから自分のことが見られ、一喜一憂せずにすむのです。

そして、この本を書いた三つ目の理由は、男性をあやつる方法を知っていれば、彼を幸せにすることも、彼と幸せに生きることもできるからです。

男性について知らなければ、気づかないうちに傷つけることもあります。

この本を読めば、男性の心の動きやツボが把握できるので、不安にさせてあやつることもできる反面、不安にさせることを的確に避け、安心や幸せを、どんどん提供することもできるのです。
火でも、刃物でも、使い方をまちがえれば、強力な破壊の道具になると同時に、うまく使えば、人に多大な恩恵をもたらすということと同じですね。

この本は男性の取扱説明書です。
あなたの自由にお使いくださいませ。
なんらかの、お役に立てれば幸いです。

ANNA

彼《かれ》と“思《おも》いどおりの関係《かんけい》”になれる本《ほん》
つい、恋が“空回り”してしまうあなたへ

2016年4月30日　初版発行
2016年6月5日　2刷発行

著　者……ANNA
発行者……大和謙二
発行所……株式会社大和出版
　東京都文京区音羽1-26-11　〒112-0013
　電話　営業部03-5978-8121／編集部03-5978-8131
　http://www.daiwashuppan.com
印刷所……信毎書籍印刷株式会社
製本所……ナショナル製本協同組合
装幀者……後藤葉子（森デザイン室）

ISBN978-4-8047-0518-7